《项目组合、项目集和项目的风险管理标准》

美国国会图书馆出版编目数据

名称：项目管理协会。
标题：《项目组合、项目集和项目的风险管理标准》。
描述：Newtown Square：项目管理协会，2019 年。| 包含
　参考文献和索引。
识别码：LCCN 2019009876 | ISBN 9781628255652（平装版）| ISBN
　9781628255669（ePub 版）| ISBN 9781628255676（Kindle 版）| ISBN 9781628255683
　(Web PDF 版)
主题：LCSH：项目管理。| | 风险管理 — 标准。| BISAC：
《商业与经济学》/项目管理。
分类：LCC HD69.P75 S7374 2019 | DDC 658.4/04--dc23
可以通过 https://lccn.loc.gov/2019009876 找到本书的 LC 记录

ISBN: 978-1-62825-565-2

出版商：
Project Management Institute, Inc.
14 Campus Boulevard
Newtown Square, Pennsylvania 19073-3299 USA
电话：+610-356-4600
传真：+610-356-4647
电子邮件：customercare@pmi.org
网址：www.PMI.org

©2019 Project Management Institute, Inc. 保留所有权利。

我们的版权内容受美国知识产权法的保护，美国知识产权法受大多数国家/地区的承认。若要再刊行或复制我们的内容，您必须获得我们的许可。详情请访问 http://www.pmi.org/permissions。

若要下达交易订单或获取定价信息，请联系 Independent Publishers Group：
Independent Publishers Group
Order Department
814 North Franklin Street
Chicago, IL 60610 USA
电话：+1 800-888-4741
传真：+1 312-337-5985
电子邮箱：orders@ipgbook.com（仅接收订单）

如有其他问题，请联系 PMI 图书服务中心 (PMI Book Service Center)。
PMI 图书服务中心 (PMI Book Service Center)
P.O. Box 932683, Atlanta, GA 31193-2683 USA
电话：1-866-276-4764（美国或加拿大境内）或 +1-770-280-4129（全球）
传真：+1-770-280-4113
电子邮件：info@bookorders.pmi.org

在美国印刷。未经发布者事先书面许可，本作品的任何部分均不得以任何形式或通过任何方式进行复制或传播，包括电子、人工、影印、录音录像或任何信息存储和检索系统。

本书中使用的纸张符合美国国家信息标准组织发布的《耐久纸张标准》(Z39.48-1984)。

PMI、PMI 徽标、PMBOK、OPM3、PMP、CAPM、PgMP、PfMP、PMI-RMP、PMI-SP、PMI-ACP、PMI-PBA、《项目管理期刊》(PROJECT MANAGEMENT JOURNAL)、项目管理网络 (PM Network)、《今日 PMI》(PMI TODAY)、《职业脉搏调查》(PULSE OF THE PROFESSION) 以及 "Making project management indispensable for business results（使项目管理成为经营业绩不可或缺的条件）" 品牌标语均为项目管理协会 (Project Management Institute, Inc.) 的商标。如需 PMI 商标的完整清单，请联系 PMI 法务部。本文档中出现的所有其他商标、服务标识、商业名称、商业外观、产品名称和徽标均为其各自所有者的财产。未在此处明确授予的任何权利均予以保留。

10 9 8 7 6 5 4 3 2 1

声明

作为项目管理协会（PMI）的标准和指南，本指南在相关人员自愿参与、共同协商的基础上开发而成。整个开发过程汇集了一批志愿者，并广泛收集了对本指南内容感兴趣的人士的观点。PMI 管理该开发过程并制定规则以促进协商的公平性，但并没有直接参与写作，也没有独立测试、评估或核实本标准及指南出版物中所含任何信息的准确性、完整性或其中所含任何判断的有效性。

因本出版物或对本出版物的应用或依赖而直接或间接造成的任何人身伤害、财产或其他损失，PMI 不承担任何责任，无论特殊、间接、因果还是补偿性的责任。PMI 不明示或暗示地保证或担保本出版物所含信息的准确性与完整性，也不保证本出版物所含信息能满足您的特殊目的或需要。PMI 不为任何使用本标准或指南的制造商或供应商的产品或服务提供担保。

PMI 出版和发行本文档，既不代表向任何个人或团体提供专业或其他服务，也不为任何个人或团体履行对他人的任何义务。在处理任何具体情况时，本文档的使用者都应依据自身的独立判断，或在必要时向资深专业人士寻求建议。 与本出版物主题相关的信息或标准亦可从其他途径获得，用户可能希望通过这些来源了解本出版物未涵盖的其他观点或信息。

PMI 无权也不会监督或强迫他人遵循本指南的内容。PMI 不会为安全或健康原因对产品、设计或安装进行认证、测试或检查。本文档中关于符合健康或安全要求的任何证明或声明，都不是 PMI 做出的，而应由认证者或声明者承担全部责任。

目录

1. 导言 1
   1.1 本标准的目的 2
   1.2 本标准的方法 2
   1.3 风险管理原则 3
      1.3.1 努力在风险管理实践中取得卓越 3
      1.3.2 使风险管理与组织战略和治理实践一致 3
      1.3.3 关注最具影响力的风险 4
      1.3.4 平衡价值实现与整体风险 4
      1.3.5 培育拥抱风险管理的文化 4
      1.3.6 利用风险管理驾驭复杂性,以实现成功结果 4
      1.3.7 持续提高风险管理能力 5
   1.4 本标准的结构 5
2. 风险管理的背景和主要概念 7
   2.1 主要概念和定义 7
      2.1.1 风险 7
      2.1.2 机会 8
      2.1.3 威胁 8
      2.1.4 风险态度 8
      2.1.5 风险偏好 9
      2.1.6 风险临界值 10

2.2 组织中的风险管理 10
2.3 风险管理领域 11
    2.3.1 企业 12
    2.3.2 项目组合 14
    2.3.3 项目集 14
    2.3.4 项目 15
2.4 关键成功因素 16

3. 项目组合、项目集和项目管理中的风险管理框架 19
3.1 项目组合、项目集和项目管理中风险管理的业务背景 19
    3.1.1 组织框架 21
    3.1.2 组织背景 22
    3.1.3 战略和组织规划 22
    3.1.4 通过项目组合、项目集和项目管理将规划与执行联系起来 22
3.2 责任、职责和职权的范围 23
    3.2.1 企业层面的责任 23
    3.2.2 项目组合层面的责任 24
    3.2.3 项目集层面的责任 24
    3.2.4 项目层面的责任 24
3.3 风险管理的一般方法 25
    3.3.1 评估风险的因素 25

4. 项目组合、项目集和项目中的风险管理生命周期 27
4.1 风险管理生命周期简介 28
4.2 规划风险管理 30
    4.2.1 规划风险管理的目的 30
        4.2.1.1 规划风险管理中的风险偏好 30
        4.2.1.2 裁剪和调整风险管理计划 31
    4.2.2 规划风险管理的成功因素 31

- 4.3 识别风险 32
  - 4.3.1 识别风险的目的 32
  - 4.3.2 识别风险的关键成功因素 33
- 4.4 实施定性风险分析 33
  - 4.4.1 实施定性风险分析的目的 33
  - 4.4.2 实施定性风险分析的关键成功因素 34
- 4.5 实施定量风险分析 34
  - 4.5.1 定量风险分析的目的 34
  - 4.5.2 实施定量风险分析的关键成功因素 35
- 4.6 规划风险应对 35
  - 44.6.1 规划风险应对的目的 37
  - 4.6.2 规划风险应对的关键成功因素 38
- 4.7 实施风险应对 38
  - 4.7.1 实施风险应对的目的 38
  - 4.7.2 实施风险应对的关键成功因素 39
- 4.8 监督风险 39
  - 4.8.1 监督风险的目的 40
  - 4.8.2 监督风险的关键成功因素 40

5. 项目组合管理背景下的风险管理 41
- 5.1 项目组合风险管理生命周期 41
  - 5.1.1 项目组合风险识别 42
  - 5.1.2 项目组合风险定性和定量分析 42
  - 5.1.3 项目组合风险应对策略 43
  - 5.1.4 实施项目组合风险应对措施 43
  - 5.1.5 监测项目组合风险 44
- 5.2 将风险管理整合到项目组合管理绩效域中 45
  - 5.2.1 项目组合战略管理 47
  - 5.2.2 项目组合治理 47
  - 5.2.3 项目组合能力管理 47
  - 5.2.4 项目组合干系人参与 47
  - 5.2.5 项目组合价值管理 48
  - 5.2.6 项目组合风险管理 48

6. 项目集管理背景下的风险管理 49
6.1 项目集风险管理生命周期 49
6.1.1 项目集风险识别 49
6.1.2 项目集风险定性和定量分析 50
6.1.3 项目集风险应对策略 51
6.1.4 实施项目集风险应对措施 51
6.1.5 监督项目集风险 52
6.2 将风险管理整合到项目集管理绩效域中 53
6.2.1 项目集战略协调 54
6.2.2 项目集收益管理 54
6.2.3 项目集干系人参与 55
6.2.4 项目集治理 55
6.2.5 项目集生命周期管理 55
6.2.6 支持性项目集活动 56

7. 项目管理背景下的风险管理 57
7.1 项目风险管理生命周期 57
7.1.1 项目风险识别 58
7.1.2 定性和定量项目风险分析 59
7.1.3 项目风险应对策略 59
7.1.4 实施项目风险应对措施 60
7.1.5 监督项目风险 60
7.2 将风险管理整合到项目管理过程组中 60
7.2.1 启动过程 62
7.2.2 规划过程 62
7.2.3 执行过程 63
7.2.4 监控过程 63
7.2.5 收尾过程 63

附录 X1
《项目组合、项目集和项目中的风险管理标准》的制定 **6**

附录 X2
《项目组合、项目集和项目中的风险管理标准》的撰稿者和审阅者 **67**
    X2.1《项目组合、项目集和项目中的风险管理标准》核心委员会 67
    X2.2 重要撰稿者 68
    X2.3 审阅者 68
        X2.3.1 主题专家审阅 68
        X2.3.2 共识机构审阅 69
        X2.3.3 公开征求意见稿的审阅 69
    X2.4 PMI 标准项目集成员咨询小组 71
    X2.5 协调团队 71
        X2.5.1 核心团队 71
        X2.5.2 PMI 员工 72
    X2.6 制作员工 72

附录 X3
项目组合风险管理控制措施 **73**
    X3.1 项目组合风险管理控制措施的目的 73
    X3.2 项目组合战略管理的风险管理控制措施 74
    X3.3 项目组合治理的风险管理控制措施 76
    X3.4 项目组合能力管理的风险管理控制措施 78
    X3.5 项目组合干系人参与的风险管理控制措施 83
    X3.6 项目组合价值管理的风险管理控制措施 86
    X3.7 项目组合风险管理的风险管理控制措施 88

附录 X4
项目集风险管理控制措施 91
　X4.1 项目集风险管理控制措施的目的 91
　X4.2 项目集战略协调的风险管理控制措施 91
　X4.3 项目集收益管理的风险管理控制措施 93
　X4.4 项目集干系人参与的风险管理控制措施 94
　X4.5 项目集治理的风险管理控制措施 96
　X4.6 项目集生命周期管理的风险管理控制措施 98
　X4.7 支持性项目集活动的风险管理控制措施 99

附录 X5
项目风险管理控制措施 101
　X5.1 项目风险管理控制措施的目的 101
　X5.2 项目整合管理的风险管理控制措施 102
　X5.3 项目范围管理的风险管理控制措施 103
　X5.4 项目进度管理的风险管理控制措施 106
　X5.5 项目成本管理的风险管理控制措施 109
　X5.6 项目质量管理的风险管理控制措施 111
　X5.7 项目资源管理的风险管理控制措施 114
　X5.8 项目沟通管理的风险管理控制措施 117
　X5.9 项目风险管理的风险管理控制措施 119
　X5.10 项目采购管理的风险管理控制措施 121
　X5.11 项目干系人管理的风险管理控制措施 124

附录 X6
适用于风险管理框架的技术 127
　X6.1 风险管理规划 127
　X6.2 识别风险 129
　　X6.2.1 假设条件和制约因素分析 130
　　X6.2.2 头脑风暴 131

X6.2.3 因果图（石川图） 131
　　X6.2.4 核对单 131
　　X6.2.5 德尔菲法 132
　　X6.2.6 文件审查 132
　　X6.2.7 专家判断 133
　　X6.2.8 引导 133
　　X6.2.9 历史信息 133
　　X6.2.10 访谈 133
　　X6.2.11 提示清单 133
　　X6.2.12 问卷调查 134
　　X6.2.13 根本原因分析 134
　　X6.2.14 SWOT 分析 135
X6.3 定性风险分析 136
　　X6.3.1 亲和图 136
　　X6.3.2 层次分析过程 136
　　X6.3.3 影响图 138
　　X6.3.4 名义小组技术 138
　　X6.3.5 概率和影响矩阵 138
　　X6.3.6 风险数据质量分析 139
　　X6.3.7 其他风险参数评估 139
　　X6.3.8 系统动态 140
X6.4 定量风险分析 140
　　X6.4.1 应急储备估算 140
　　X6.4.2 决策树分析 140
　　X6.4.3 适用于概率和影响的估算技术 141
　　X6.4.4 预期货币价值 142
　　X6.4.5 FMEA/故障树分析 142
　　X6.4.6 蒙特卡洛模拟 143
　　X6.4.7 PERT（项目集或项目评审技术） 143

X6.5 规划风险应对	144
X6.5.1 应急规划	144
X6.5.2 力场分析	144
X6.5.3 多标准选择技术	145
X6.5.4 情景分析	146
X6.5.5 模拟	146
X6.6 应对计划的实施	146
X6.7 监督风险	146
X6.7.1 数据分析	147
X6.7.2 储备分析	147
X6.7.3 残余影响分析	147
X6.7.4 风险审计	147
X6.7.5 风险分解结构	148
X6.7.6 风险再评估	149
X6.7.7 敏感性分析	149
X6.7.8 状态会议	149
X6.7.9 趋势分析	149
X6.7.10 偏差分析	149
X6.8 风险管理技术回顾	150

附录 X7
针对项目组合、项目集和项目风险管理的企业风险管理注意事项 157

附录 X8
风险类别 161

参考资料 163

术语表 165

索引 169

表格和数字列表

图 2-1.	风险偏好及其与组织战略的关系	9
图 2-2.	将风险管理策略连续传递到项目组合、项目集和项目中	12
图 2-3.	风险管理的关键成功因素	16
图 3-1.	组织各级别的风险	20
图 3-2.	跨组织活动领域的风险管理	21
图 3-3.	风险类别	26
图 4-1.	项目管理生命周期框架	29
图 5-1.	项目组合管理绩效域	45
图 6-1.	项目集管理绩效域	53
图 X6-1.	规划风险管理的关键焦点领域	128
图 X6-2.	原因、风险和结果之间的关系	129
图 X6-3.	带有描述字段和分析结果的制约因素分析的示例	130
图 X6-4.	原果图(又叫石川图)示例	131
图 X6-5.	具有类别、子类别、特定风险和影响的典型结构的核对单示例(部分)	132
图 X6-6.	对风险识别可能非常有用的提示清单的三个著名示例	134
图 X6-7.	根本原因分析示例	135

图 X6-8.	SWOT 分析结构示例	135
图 X6-9.	用于评估单个风险的特定目标的概率和影响的定义的示例	136
图 X6-10.	用于确定与项目相关的四个目标的相对权重的层次分析过程计算的示例	137
图 X6-11.	用于将风险归类为很高 (VH)、高 (H)、中等 (M)、低 (L) 和很低 (VL) 类的概率和影响矩阵示例	138
图 X6-12.	决策树图示例	141
图 X6-13.	项目进度计划蒙特卡洛模拟的直方图示例	143
图 X6-14.	力场分析以及平衡促进变更的力量和阻碍变更的力量的示例	145
图 X6-15.	多标准加权和分析示例	145
图 X6-16.	项目通用风险分解结构示例	148
图 X7-1.	有助于增进 ERM 与项目组合、项目集和项目风险管理之间的一致性	158

表 5-1.	风险管理实践通常涵盖的项目组合管理绩效域的领域	46
表 6-1.	风险管理实践通常涵盖的项目集管理绩效域的领域	54
表 7-1.	风险管理实践通常涵盖的项目管理过程组和知识领域的领域	61
表 X3-1.	项目组合战略管理的风险管理控制措施和目标	74
表 X3-2.	项目组合治理的风险管理控制措施和目标	76

表 X3-3.	项目组合能力管理的风险管理控制措施和目标	78
表 X3-4.	项目组合干系人参与的风险管理控制措施和目标	83
表 X3-5.	项目组合价值管理的风险管理控制措施和目标	86
表 X3-6.	项目组合风险管理的风险管理控制措施和目标	88
表 X4-1.	项目集战略协调的风险管理控制措施	91
表 X4-2.	项目集收益管理的风险管理控制措施	93
表 X4-3.	项目集干系人参与的风险管理控制措施	94
表 X4-4.	项目集治理的风险管理控制措施	96
表 X4-5.	项目集生命周期管理的风险管理控制措施	98
表 X4-6.	支持性项目集活动的风险管理控制	99
表 X5-1.	项目整合管理的风险管理控制措施	102
表 X5-2.	项目范围管理的风险管理控制措施	103
表 X5-3.	项目进度管理的风险管理控制措施	106
表 X5-4.	项目成本管理的风险管理控制措施	109
表 X5-5.	项目质量管理的风险管理控制措施	111
表 X5-6.	项目资源管理的风险管理控制措施	114
表 X5-7.	项目沟通管理的风险管理控制措施	117
表 X5-8.	项目风险管理的风险管理控制措施	119
表 X5-9.	项目采购管理的风险管理控制措施	121
表 X5-10.	项目干系人管理的风险管理控制措施	124
表 X6-1.	映射到风险管理生命周期阶段的风险管理技术矩阵	151

1

引论

风险是一旦发生即会对一个或多个目标产生积极或消极影响的不确定事件或条件。积极的风险是机会,而消极的风险则是威胁。

风险管理实践包括对方法进行规划、识别和分析风险、应对规划和实施以及持续的风险监督。风险管理是所有组织活动的一个重要方面。本标准描述了风险管理在企业风险管理（ERM）背景（包括项目组合、项目集和项目领域）下的应用情况。风险管理影响着整个组织和每个领域内的决策过程。

风险管理的实施程度可能是成功和失败的分水岭。PMI 于 2015 年发布的 *Pulse of the Profession®（职业脉搏）* 报告：显示，对于采用正式风险管理方法的组织，73% 的项目达到了目标，61% 的项目按时完成，64% 的项目在批准的预算内完成 [1]。[1]

风险管理允许组织：

◆ 预测和管理变更；

◆ 改进决策；

◆ 积极主动地实施通常成本较低的预防措施，而不是以成本较高的方式应对问题；

◆ 提高实现业务收益机会的机率；

◆ 广泛了解结果的不确定性；

◆ 根据其业务环境中发生的变更采取行动；

◆ 支持组织灵活性和适应性。

风险管理还在项目组合、项目集和项目之间建立迭代联系，并将这些联系与企业风险管理（ERM）和组织战略联系起来。

---

[1] 括号内的数字与本标准后面的参考文献序号相对应。

1.1 本标准的目的

本标准描述了与风险管理相关的概念和定义,并强调了风险管理的基本组件,以便整合到具有以下主要目标的项目组合、项目集和项目的各个治理层:

◆ 描述风险管理的基本原则;

◆ 支持 ERM 的目标并展示演示其链接;

◆ 根据 PMI 基本标准中的描述,将风险管理原则酌情应用于项目组合、项目集和项目领域。

本标准满足了在项目组合、项目集和项目管理中提供风险管理标准的业务需求,该标准定义了风险管理专业人员的基本考虑因素。它扩展了 PMI 基本标准相关部分中有关风险管理的知识。

无论采用哪种生命周期方法,本标准可用于协调 ERM 与项目组合、项目集和项目管理之间的实践。

PMI 致力于提供组织和专业人员广泛认可且一致采用的全球标准。各组织越来越多地要求专业人员在项目组合、项目集和项目管理中使用风险管理实践,作为其 ERM 框架不可缺少的组成部分。

1.2 本标准的方法

本标准介绍了风险管理的*内容*和*原因*。本标准详细阐述了以下概念:

◆ 风险管理的目的和好处;

◆ 项目组合、项目集和项目中风险管理的原则和概念;

◆ 项目组合、项目集和项目中的风险管理生命周期;

◆ 整合项目组合、项目集和项目中的风险管理。

本标准为将风险管理实践整合到企业、项目组合、项目集和项目管理的所有关键领域提供了指导。本标准旨在确保风险管理是所有管理领域的固有而自然的组成部分。本标准的范围为提供指导，而非强制要求所有项目组合、项目集和项目中的过程具有统一性。在规划和实施风险管理时，每个团队都必须考虑组织、项目组合、项目集或项目的特征。本标准中介绍的方法基于风险管理原则，可在设计适合组织环境和工作性质的具体管理或业务过程时用作指导。

1.3 风险管理原则

风险管理过程有一些特定的核心原则。第1.3.1节至第1.3.7节中介绍的七项原则为风险管理过程提供了指导，是有效风险管理不可缺少的组成部分。

1.3.1 努力在风险管理实践中取得卓越

风险管理使组织和团队可以在质量和数量上提高结果的可预测性。该原则是为了达到组织过程成熟度(组织以一致的方式应用某套过程的能力)的适当水平和最佳绩效水平。严格而全面地应用相关过程并不能实现卓越的风险管理。相反，可以通过以下方式实现卓越：(a) 在获得的收益和相关成本之间取得平衡；(b) 根据组织及其项目组合、项目集和项目的特征对风险管理过程进行量身定制。风险管理中的卓越过程本身就是一种风险管理策略。

1.3.2 使风险管理与组织战略和治理实践一致

组织中的风险管理实践是与其他组织过程(如战略和治理)共存所而发展和演变的。项目组合、项目集和项目的性质使处情况经常变化。随着组织的发展，例如，当对决策过程、时间安排、范围和速度进行更改时，就必须进行调整。

1.3.3 关注最具影响力的风险

成功的组织能够富有成效且高效地识别直接影响目的和目标的风险。大多数组织面临的挑战是通过重点关注适当的风险来充分利用资源。这取决于组织的特征及其环境、内部成熟度、文化和战略。确定最具影响力的风险可能很困难。各组织通过完善确定风险优先级的过程来实现发展和改进。

1.3.4 平衡价值实现与整体风险

风险管理力求在风险敞口和创造或实现预期的商业价值之间找到适当的平衡。风险敞口水平较低的计划可能无法产生足够水平的价值和绩效。另一方面,具有很高预期绩效的计划可能使组织面临无法接受的威胁。

1.3.5 培育拥抱风险管理的文化

风险管理是项目组合、项目集和项目管理框架固有的重要组成部分。风险管理实践在整个组织中得到传播、认可和鼓励。风险管理文化鼓励 (a) 识别威胁而不是忽视威胁,以及 (b) 通过在组织内培育积极心态来识别机会——更加开放地接受和利用对各种举措的积极变化。

1.3.6 利用风险管理驾驭复杂性,以实现成功结果

管理风险是降低和应对组织计划复杂性的重要组成部分。识别和管理风险的能力直接取决于计划的复杂程度。集中精力澄清计划的目标、要求和范围有助于识别风险并提高管理风险的能力,从而减轻不可预见的情况给这些计划带来的风险。组织越多地通过风险管理来应对复杂性,他们就越能够优化资源的使用、提高投资回报率并改善整体绩效和业务成果。

1.3.7 持续提高风险管理能力

组织所面临的风险的性质以及管理这些风险的可用技术正在发生变化。技术使组织能够更有效地管理风险，并更好地聚焦于风险的影响。通过不断提高风险管理能力，组织和个人可以培养可持续的竞争优势，从而提高组织的整体绩效。

1.4 本标准的结构

本标准可用于从风险管理角度评审项目组合、项目集和项目管理过程。其组织结构如下：

第 1 节 — 引论

第 2 节 — 风险管理的背景和主要概念

第 3 节 — 项目组合、项目集和项目管理中的风险管理框架

第 4 节 — 项目组合、项目集和项目管理中的风险管理生命周期

第 5 节 — 项目组合管理背景下的风险管理

第 6 节 — 项目集管理背景下的风险管理

第 7 节 — 项目管理背景下的风险管理

附录 X1 — 《项目组合、项目集和项目中的风险管理标准》的制定

附录 X2 — 《项目组合、项目集和项目中的风险管理标准》的撰稿者和审阅者

附录 X3 — 项目组合风险管理控制措施

附录 X4 — 项目集风险管理控制措施

附录 X5 — 项目风险管理控制措施

附录 X6 — 适用于风险管理框架的技术

附录 X7 — 针对项目组合、项目集和项目风险管理的企业风险管理注意事项

附录 X8 — 风险类别

2

风险管理的背景和主要概念

风险在所有组织中均会存在。风险会给组织带来挑战,但当威胁和机会都得到主动管理时,也可能带来竞争优势。风险管理提供了一个全面而综合的框架,用于在组织的各个层级(从项目组合到项目集、项目和运营)处理和管理风险。

2.1 主要概念和定义

所有组织都面临着内部和外部事件的不确定性。当前和未来不确定性,可以通过制定和应用合理的业务策略来实现一系列目标的达成并管理风险风险管理提供了对需要应对的风险的深入了解,以支持实现这些目标并利用机会。当机会出现时,它们被称为收益。

2.1.1 风险

单个风险是一旦发生即会对一个或多个目标产生积极或消极影响的不确定事件或条件。整体风险是在不同层级或方面对组织目标产生不确定性的影响。风险源自不确定性,包括项目组合、项目集和项目领域中的单个风险。这些风险代表着组织及其相关方在实现组织战略和业务目标时所面临的不确定性后果。一旦风险发生,就会通过推动消除所产生的结果在各个治理层(企业、项目组合、项目集和项目)内管理风险。

从属性上看,项目组合、项目集和项目中必然存在不确定性。风险源于不确定性并产生不确定性。人们能够识别的风险越多,就表明存在的不确定性越多。确定风险识别能力的关键因素之一是模糊性。当模糊性较低时,可用信息的水平就较高,就可以识别风险。不确定性和模糊性是通过评定和公开评估推动风险管理工作的因素。通过评定和公开评估,组织可以确定适当的风险管理策略,并确定如何在整个项目组合、项目集和项目管理生命周期在生命周期的迭代以及它们的相互作用中管理风险。

2.1.2 机会

机会是对一个或多个目标产生正面影响的风险。机会管理有助于识别和了解可以更成功地实现目标的方式。

要想将风险视为价值破坏者的传统观点转变为将风险视为潜在的价值促进者的看法，需要创造性和远见，以及一种使这些机会蓬勃发展并促使组织成功的制度。

一致的项目组合、项目集和项目管理系统有助于：

◆ 识别和评估经常相互关联的机会，以及

◆ 提高组织接受和追求机会的能力。

2.1.3 威胁

威胁是对一个或多个目标产生负面影响的风险。威胁管理包括使用风险管理资源来：

◆ 描述风险；

◆ 分析风险属性；

◆ 评估风险的发生概率和影响以及其他特征；

◆ 适当时实施计划好的应对措施。

与管理机会类似，管理威胁也是一个分阶段的过程。二者均采用结构化的生命周期框架，以确保流程如第 4 节所述那般稳健而完整。如果发生威胁，则威胁就被称为问题，并在问题日志中列出。

2.1.4 风险态度

风险态度是个人或小组对不确定性明确采取或暗示的倾向，由感知驱动，并由可观察的行为证明。风险态度代表着组织评估并最终追求、保留、承担或避开风险的方法。有各种各样的风险态度，以从厌恶风险到追求风险各不相同。

组织寻求建立一种一致的方法来评估和应对整个企业的风险。形成这种一致性的一个障碍是个人对风险的不同或不一致的态度——这些态度可能因情况而异。

总之，风险态度是个人或团队的偏好，即以有利或不利的方式评估风险状况，并相应地采取行动。但是，风险态度不一定稳定，也不一定属于同一种类。

2.1.5 风险偏好

风险偏好是在获得预期回报时组织或个人愿意接受不确定性的程度。风险偏好可指导风险管理以及组织在决定是否承担风险时所使用的参数。此外,风险偏好定义了组织所追求风险的类型。

确定风险偏好是接受风险的开始。图 2-1 显示了风险偏好与其对业务战略、风险管理框架以及基本政策和流程影响之间的相互关系由此产生的风险偏好定义了组织为实现其战略目标而愿意承担的风险的数量和类型。

图 2-1.风险偏好及其与组织战略的关系

风险偏好表示组织在追求其项目组合、项目集和项目目标时愿意承担的风险水平。项目组合、项目集和项目风险不是一个单一的概念,而是一个多层面的概念。

随着组织的成长、扩张和发展,面临的风险也会随之增加。风险的类型、重要性和偏好会在组织生命周期的不同时点以及项目集和项目的生命周期中发生变化。

2.1.6 风险临界值

风险临界值是针对目标可接受的偏差范围的测量指标,可反映组织和相关方的风险偏好。风险策略的一个关键要素是确立和监督企业、项目组合、项目集和项目的风险临界值。风险临界值的示例包括:

- ◆ 风险登记册中包括的风险敞口的最低级别;
- ◆ 风险评级的定性或定量定义;
- ◆ 触发上报前可以管理的最高级别的风险敞口。

建立风险临界值是将项目组合、项目集和项目风险管理与战略协调联系起来必不可少的一个步骤,并作为早期规划的一部分来执行。根据组织的风险偏好,治理机构可能也负责确保制定和遵守风险临界值,并确定何时应将风险上报至更高的治理层级。

2.2 组织中的风险管理

作为其治理监督工作的一部分,组织的治理机构最终负责制定、确认和实施风险偏好和风险管理原则。组织的治理机构还决定哪些风险管理流程在组织战略、范围、环境和内容方面是适当的。

由于成功实现组织战略目标与采用有效的风险管理过程之间存在直接关系,企业风险职能部门通常设于行政管理组织之中。

在评估风险或风险组合的严重性或时,会考虑不确定性以及对工作或目标的影响。不确定性维度通常被描述为*概率*,而影响通常被称为*影响*。

根据定义,风险包括:(a) 不确定但可以清楚描述的不同事件;以及 (b) 较一般的条件,它们不那么具体,但也可能导致不确定性。

根据定义，风险还包括可能对目标产生消极或积极影响的不确定事件。当这两种不确定的情况可能对目标的实现产生不利或积极的影响时，它们都会被视为风险。必须在企业、项目组合、项目集和项目风险管理过程中应对这两种情况。同时应对威胁和机会（即在相同的分析中应对威胁和机会，并在二者重叠时对应对措施进行协调）可以实现协同增效。

区分风险与风险相关的特征非常重要。原因是当前存在或未来一定存在可能带来风险的事件或情况。影响是在一定条件下发生的未来事件或条件；如果相关风险发生，这些事件或条件会直接影响一个或多个目标。

风险可能有一个或多个原因；如果风险发生，则可能产生一个或多个影响。当发生风险事件时，风险就不再不确定。发生的威胁被称为问题，而发生的机会则对企业有利。项目组合、项目集和项目管理者有责任解决这些问题，并高效且富有成效地管理这些问题。对于问题，可能需要采取项目组合、项目集和项目风险管理流程范围之外的行动；因此，这些问题将根据组织的治理政策上报至更高的管理层级。

2.3 风险管理领域

风险管理是一个跨越组织层级的综合框架。除了简单地预测可能发生的情况外，风险管理还旨在制定各种方法，为实现组织目标、战略愿景和创造价值提供支持。

风险管理会对企业、项目组合、项目集和项目这些层级的决策产生强烈影响。在企业层面，整个组织战略是一系列策略和业务管理行动，它们旨在应对业务威胁和利用业务机会。这些决定和行动通常在项目组合（其部分组件包括项目集、项目和运营）中执行。

在每个项目组合、项目集和项目管理领域中，关于风险管理的各种看法和观点会以迭代、交互和动态的方式相互影响。风险可能是相互关联的，存在依赖关系，并通过反馈循环相互作用（参见图 2-2）。第 5、6 和 7 节提供了关于这种相互作用的详细信息。

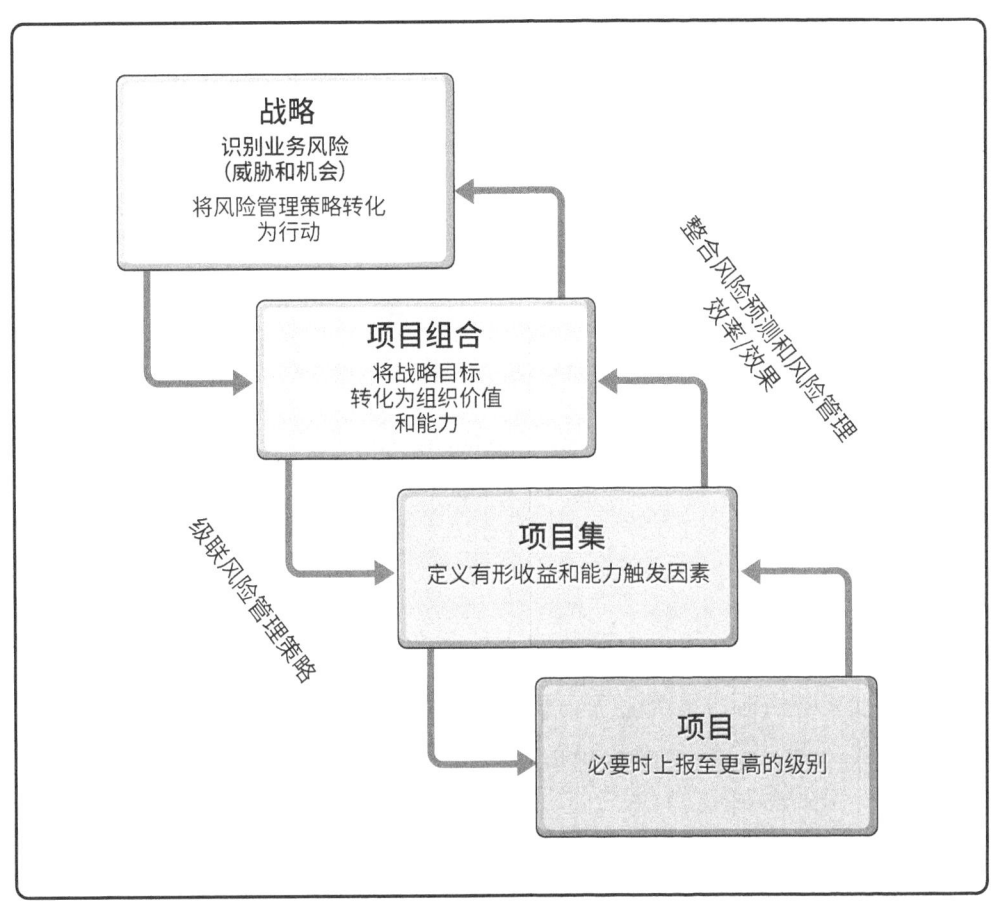

图 2-2.将风险管理策略连续传递到项目组合、项目集和项目中

2.3.1 企业

风险管理的主要目的是创造和保护价值。企业风险管理 (ERM) 是一种识别组织面临的主要风险并预测这些风险对业务流程重要性的方法。这种管理风险的方法反映了组织创造和维持价值的文化、能力和战略。ERM 在组织层面处理风险,包括对与企业的项目组合(包括项目集和项目)有关的所有风险进行汇总。

在探索备选策略时,ERM 会使每个项目组合、项目集和项目与组织战略保持一致。ERM 通过自下而上地上报已识别风险和自上而下地定义风险管理策略,建立了各个治理级别之间的联系。这种自上而下的流程触发了旨在利用特定机会和解决业务威胁的项目集、项目和其他活动的创建。

ERM 针对以下方面提供了系统化、组织有序和结构化的方法:

- 识别和评估组织面临的所有风险;
- 制定合适的应对措施;
- 与相关方沟通状态;
- 根据组织的战略目标分配监督和管理风险的职责。

ERM 是一个持续的过程,可为持续改进的"计划-实施-检查-行动"序列提供支持。ERM 不仅限于合规和披露要求,也不能取代内部控制和审计。ERM 的应用因组织而异,而且可能因整体风险偏好、相关方的期望和要求以及内部和外部环境而逐年不同。

在执行 ERM 方面,没有一种万能的方法。各个组织中 ERM 的职能、结构和活动各不相同。ERM 负责确保所有组织风险都得到处理、妥善管理和监督。

在综合的项目组合、项目集和项目管理的企业管理环境中,风险管理包括:

- 制定风险治理框架;
- 识别综合治理框架各个层级的业务和背景风险,包括消极风险(威胁)和积极风险(机会);
- 从定性和定量两个角度分析已识别的风险,并根据项目组合、项目集和项目管理框架内已制定的上报规则确定最适合管理这些风险的治理层级;
- 根据提高积极风险(机会)的概率和/或影响以及降低消极风险(威胁)的概率和/或影响,制定适当的风险管理策略;
- 确定风险责任人并分配风险;
- 实施与预期性和/或响应行动有关的相应策略和活动;
- 监督企业、项目组合、项目集和项目管理框架内部署的风险管理策略的有效性和效率;
- 确保项目组合、项目集和项目管理风险治理模式与 ERM 战略之间保持一致性;
- 通过风险管理文化促进整个企业内部进行有效的风险管理。

2.3.2 项目组合

项目组合风险管理将风险分为结构风险、组件风险和整体风险。结构风险是与一组项目的组成方式和各组件之间的潜在相互依赖关系有关的风险。项目组合层面的组件风险是指组件经理上报至项目组合层面以供参考或采取行动的风险。总体而言,项目组合风险考虑了组件之间的相互依赖关系,因此不仅仅是单个组件风险的总和。风险效率是在项目组合层面管理风险的关键要素。通过调整项目组合组件的组成方式,以平衡风险和回报,从而管理整体项目组合风险敞口,进而实现效率。

有效的项目组合风险管理系统的规划、设计和实施取决于组织文化、高层管理人员的承诺、相关方参与以及开放而公平的沟通过程。如果由于组件问题而造成的价值损失巨大,或者一个组件的风险影响到另一个组件的风险,则项目组合风险管理对于成功管理项目组合非常重要。

如《项目组合管理标准》[2] 中所定义的那样,项目组合风险管理可确保组件能在组织战略和业务模式的基础上尽可能取得最大成功。项目组合风险管理可被视为与调整项目组合各组件的组成方式以适应组织业务环境变化有关的管理活动。与企业战略类似,项目组合风险管理策略的结果是定义和启动新的组件或关闭其他组件。在与组织整体业务战略保持一致的前提下,项目组合组件可以成为针对已确定的威胁或机会的应对措施。

2.3.3 项目集

项目集风险管理策略可确保有效管理组织战略面临的任何可能会导致项目集路线图与其所支持的目标不一致的风险。它包括定义项目集风险临界值、进行初始的项目集风险评估以及制定项目集风险应对策略。

项目集风险管理可确定如何将风险传达给组织的治理层和战略层。这一层级的策略一致性要求项目集风险临界值必须考虑组织战略和风险态度。项目集风险超过了项目集内每个项目的风险总和。项目集风险管理将项目组合风险管理的概念应用于一组项目集组件。

《项目集管理标准》[3] 将项目集风险管理策略描述为：

◆ 确定项目集风险临界值；

◆ 进行初始项目集风险评估；

◆ 制定高层级的项目集风险应对策略；

◆ 确定如何在治理过程中传达和管理风险。

项目集风险管理汇总了组成项目和活动的运营风险，并处理项目集层面的特定风险，具体取决于项目组合、项目集和项目治理模式中界定的责任层级。此外，项目集层面的风险视角更侧重于风险的直接影响，而非预期收益。

2.3.4 项目

项目风险管理是项目管理的一个知识领域，它可识别和管理可能影响成本、进度计划或范围基准的项目风险。

《项目管理知识体系指南》（简称"《PMBOK® 指南》"）[4] 将项目风险管理描述为以下过程：执行项目风险管理规划、识别、分析、应对措施规划、应对措施实施和监督风险。项目风险管理的目标在于提高机会的概率和/或影响，降低威胁的概率和/或影响，从而尽可能提高项目成功的可能性。《PMBOK® 指南》指出，如果不妥善管理，这些风险有可能导致项目偏离计划，从而无法达成既定的项目目标。因此，项目的成功与项目风险管理的有效性直接相关。

项目风险管理通过调整或实施行动方案和项目活动，以利用项目环境中新出现的变化，从而支持项目目标。因此，项目基准（即范围、进度计划和成本）是基于风险指引制定的。当风险对基准产生影响和/或需要分析多种风险的综合影响时，会对所有风险进行定性分析，而对某些风险进行定量分析。

2.4 关键成功因素

企业（包括组织项目管理 (OPM)）、项目组合、项目集和项目风险管理的实施方式与实践和政策一致。此外，项目组合、项目集和项目风险管理的实施方式也与工作的特点相适应。关于每个风险管理过程成功的具体标准，详见有关这些过程的章节。风险管理的这些关键成功因素（如图 2-3 所示）可使第 1.3 节中讨论的原则得以实现。

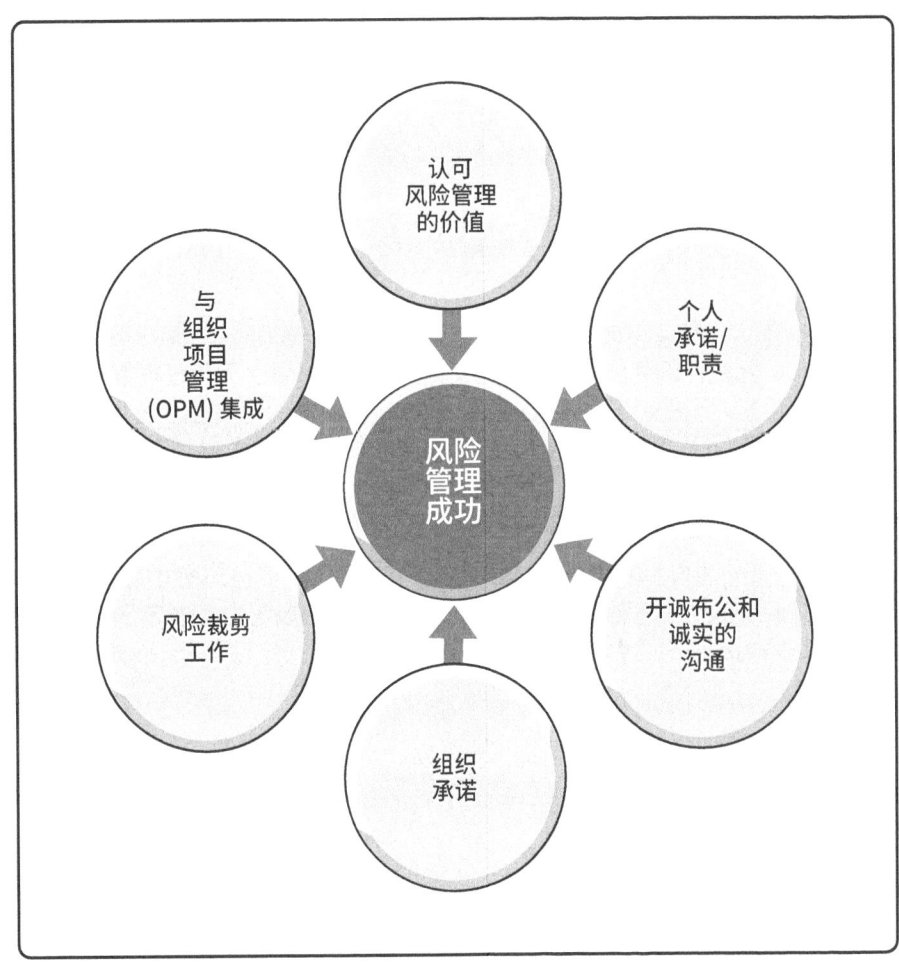

图 2-3.风险管理的关键成功因素

关键成功因素包括：

- **认可风险管理的价值。** 组织管理层、相关方和团队成员将项目组合、项目集和项目风险管理视为一门有价值的学科，可为组织带来正投资回报。
- **个人承诺/职责。** 项目组合、项目集和项目参与者及相关方根据要求承担开展与风险相关的活动的责任。风险管理，人人有责。
- **开诚布公的沟通。** 风险管理过程与每个人息息相关。任何阻碍风险沟通的行为或态度都会降低风险管理在主动应对和有效决策方面的有效性。
- **组织承诺。** 只有当风险管理与组织的目标、价值观和 ERM 政策保持一致时，才能确立组织承诺。风险管理行动可能需要项目组合、项目集或项目经理更上级别人员的批准或答复。
- **风险裁剪工作。** 风险管理活动与组织价值以及风险水平、规模和组织内的其他制约因素想相一致。
- **与组织项目管理整合。** 风险管理并不存在与组织其他项目管理过程隔绝的情况。成功的风险管理需要适当执行组织项目管理和 ERM 过程，包括分配有效实施风险管理所需的资源。

3

项目组合、项目集和项目管理中的风险管理框架

每项组织活动都存在风险，特别是在项目组合、项目集和项目等活动中。组织惯性本身就有风险，因为随着时间的推移产品和服务会变得陈旧，，并且组织可能会因社会和技术变化而失去竞争力。风险可能难以管理，因为单个风险可能对项目组合和项目集的各个组件以及组织的各个级别产生不同的影响。组织和相关人员需要在威胁和机会以及不作为与作为的两难困境之间取得平衡。本节通过提供整个企业及其项目组合、项目集和项目管理活动的风险管理框架来解决这一难题。

3.1 项目组合、项目集和项目管理中风险管理的业务背景

所有组织都面临着影响其实现预期目标能力的内部和外部因素。这些目标很少能够确保实现。所有组织活动都涉及风险，甚至会发生不作为的情况。

组织通过人员、流程、技术和信息来管理风险。项目组合、项目集和项目经理负责应对与其工作相关的风险。这些经理负责与组织的各级相关方合作，并采用系统化、综合性的风险管理方法。

图 3-1 从抽象（或组织顶部）到具体（或底部）展示了组织活动的背景（离散任务会在具体层面完成）。风险渗透到整个金字塔中。组织战略通过愿景和使命确定方向，战略为组织定义了具体的目的和目标。这个金字塔非常全面，包括运营和变更活动。

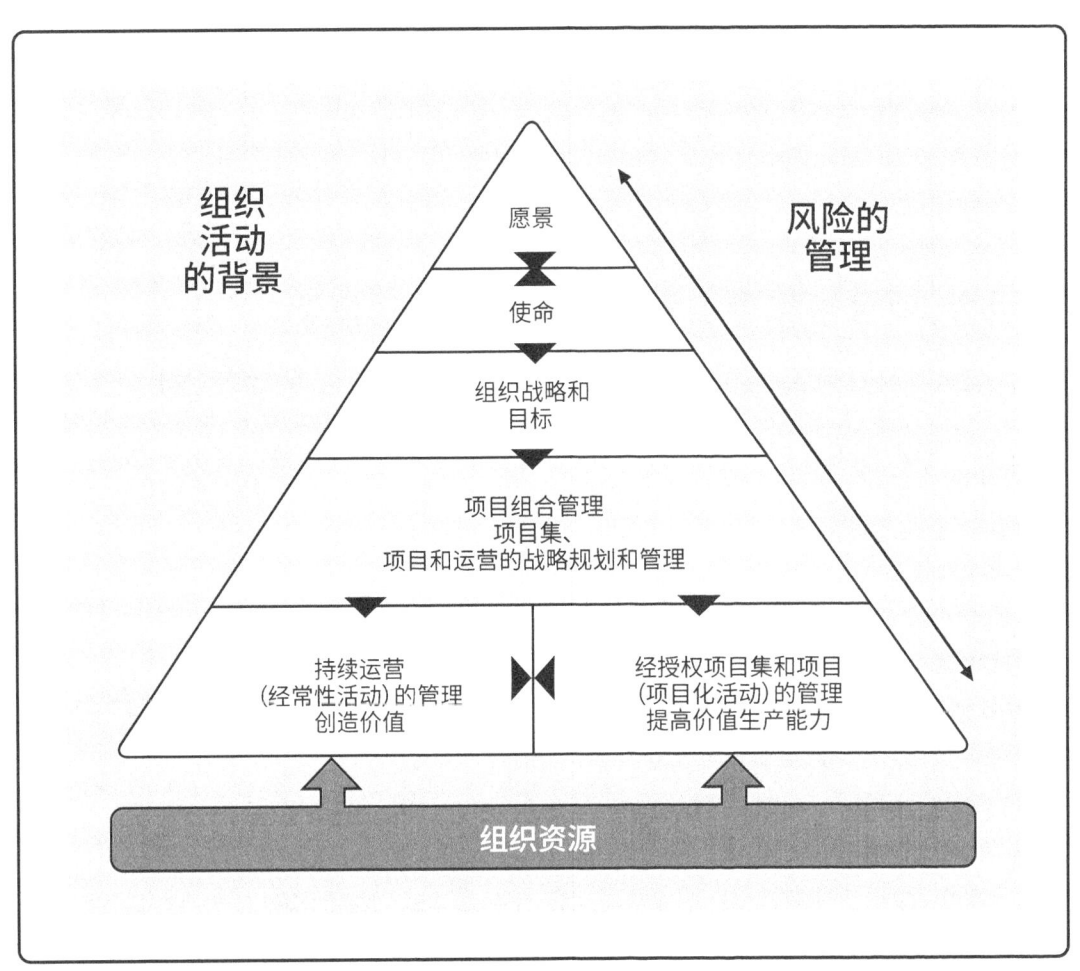

图 3-1. 组织各级别的风险

目的和目标与战略一致。要实现商业利益和价值，就需要执行运营和变更计划。组织通过执行计划及其相关活动来获得变更的好处，从而成功实现项目组合、项目集和项目的目标。从本质上看，变更具有不确定性。对大多数组织来说，变更是不可避免的，是维持和保持竞争力所必需的。要成功管理变更，组织需要一个稳健、深思熟虑的战略执行计划，以便随着时间的推移以一致的方式实施项目组合、项目集和项目。这就需要进行有效的组织项目管理 (OPM) 实施。OPM 是为实现战略目标而使项目组合、项目集和项目管理契合战略并与组织驱动因素集成的框架。项目组合、项目集和项目管理以支持组织战略的业务目标而制定。当战略或业务目标与组织的使命、愿景和核心价值观不一致时，就会产生一些威胁。当业务目标不支持战略或当项目组合、项目集和项目等工作与业务目标不一致时，就会产生其他威胁。如果战略和业务目标完全一致，就可以增加机会。

3.1.1 组织框架

如图 3-2 所示,风险管理包括组织的所有领域:企业、项目组合、项目集和项目。ERM 是一种管理风险的方法,它反映了组织创造和维持价值的文化、能力和战略。它涵盖了组织管理风险(威胁和机会)以推进组织使命和愿景的策略、流程和方法。项目组合风险管理从 ERM 框架中得出其政策、流程、方法和容错率,并为项目组合的管理而对该框架进行量身定制。同样,项目集和项目也采用各自源于项目组合框架的风险管理实践方法。

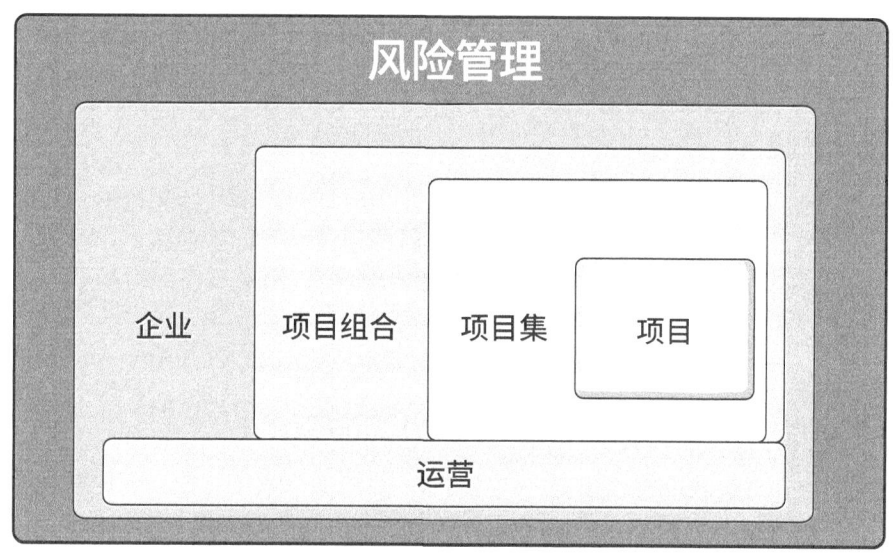

图 3-2.跨组织活动领域的风险管理

治理委员会通常会监督 ERM,因为它通过重要和积极主动的管理参与来指导该过程。项目组合、项目集和项目经理会管理和监督与内部和外部相关方的沟通,这是灌输风险管理、预期文化和行为以及风险态度的重要性和价值所必需的。

3.1.2 组织背景

ERM 的应用受行业、法规和组织环境影响。通过了解组织的存在环境,项目组合、项目集和项目经理可以针对自己的工作对最佳风险管理方法进行量身定制,同时帮助组织评估和应对风险。许多因素也会影响风险管理实践的实施程度。其中一些因素包括资本可用性、竞争格局和风险态度。

3.1.3 战略和组织规划

项目组合、项目集和项目中的风险管理与战略愿景、使命、目标、价值观和业务目标的设定保持一致。它为寻求不同的替代方案提供了输入。制定战略目标和业务目标旨在根据核心价值观实现组织的愿景和使命。这些目标一旦确定,就会成为风险管理的输入。如果战略目标和工作组合之间存在潜在冲突,则风险将上报至适当的管理层。请参见图 3.1。

3.1.4 通过项目组合、项目集和项目管理将规划与执行联系起来

项目组合、项目集和项目管理是指组织项目管理 (OPM) 框架中用于管理能力以及提升现有价值或创造新价值的领域。项目组合管理是将战略规划与业务执行联系起来的桥梁。通过专注于选择正确的项目组合组件(如项目集、项目和运营计划),项目组合管理使组织能够与战略保持一致性,并明智而有效地投资其资源。然后由项目集和项目管理部门负责实施。

这些活动是在充满风险的环境中进行的。尽管 OPM 使组织能够利用其成果和实施方面的成功,并在竞争激烈且快速变化的环境中为健康的组织提供支持,但它并非没有风险。因此,组织领导者和经理必须认识到管理风险以应对威胁和创造机会的重要性。项目组合、项目集和项目经理以包容的方式开展工作,以便:(a) 识别、分析、评估、建议、规划和实施风险应对措施,并确定其优先级;(b) 监测进展情况; (c) 酌情调整风险应对措施。

3.2 责任、职责和职权的范围

风险管理的责任、职责和职权由参与项目组合、项目集和项目管理的相关方共同承担。

- *责任*具有个人性质,源自组织中的一个职位。责任与职权有关,因为人们通常会在职权范围内负责。然而,人们仍然可能会因超越自己职权范围行事而被追究责任。
- *职责*因职能或任务的分配而归属于个人。个人通过接受这种分配来承担相关责任。组织中的其他上级也可能被追究责任这一事实并不会削弱个人所承担的责任。指派者仍对委派的任务负责,但责任将被转移给被指派者。
- 与职责一样,个人可能会被委以*职权*,使其能够在所界定的范围内做出决定。

3.2.1 企业层面的责任

风险管理的目标是应用知识、技能和良好实践来管理组织可接受的风险临界值范围内的重点领域,无论是在企业层面还是在项目组合、项目集或项目层面。其目的是将威胁的影响降至最低,以保护组织免受损失,并抓住可转化为价值的机会。在项目组合、项目集和项目的整个过程中管理风险需要整个企业进行协作,并且需要认识到未能分配适当数量的资源可能会危及组织的战略目标。

项目组合、项目集和项目管理负责支持管理政策、定义角色和职责、设定目标和监督实施。工作经理负责让高级管理层随时了解持续的风险敞口和相应的行动。

3.2.2 项目组合层面的责任

在某些情况下,项目组合的存续时间可能很短;但是项目组合的存续时间通常与组织本身相同。因此,项目组合经理可能会监督活动或授权组件,这些活动或组件可能需要数年时间才能使组织实现投资价值。这一格局的任何变化都会直接影响组织的战略目标。具体的外部因素可以包括监管要求或授权、市场情况和组织结构调整。

项目组合风险管理可应对战略、执行和结构风险。虽然项目集风险管理会评估一系列相关组件的风险,但项目组合风险管理范围很广,并考虑可能影响项目组合内不相关组件和运营活动的风险。因此,项目组合经理在管理风险时会应对数个挑战,因为项目组合级别的风险会将组织战略与实施结合起来,从而既包括外部因素,也包括内部因素。

3.2.3 项目集层面的责任

在项目集层面,所评估的风险跨越相关组件,如果触发,可能对一个或多个其他组件产生积极或消极影响。项目集经理应与组件经理合作,并有责任识别和管理这些风险。项目集经理不是在组件内单独管理这些风险,而是确保通过协调管理项目集风险。

在管理战略风险时,项目集经理可能会识别超出组织风险偏好并可能直接影响项目集的新风险。战略风险既是威胁,也是机会。项目集经理会评估和审查一系列应对方案,供治理机构考虑。

在项目集内,风险可能会影响特定组件的交付。项目集经理向其组件经理通报与各个组件相关的任何共同风险和应对计划。可能存在规模经济和范围经济,因为可以通过在项目集层面启动一项风险应对措施来管理共同风险。

3.2.4 项目层面的责任

在项目层面,风险管理的目标是:(a) 降低负面风险的概率和影响 (b) 增加针对项目可交付成果或目标的积极风险的概率和影响。项目经理负责在项目制约因素范围内评估、报告和管理单个和整体项目风险。他们可能会将某些风险上报给项目集经理、项目组合经理、项目管理办公室、治理委员会和其他领导,或者接受他们的指导,具体取决于计划和组织输入的复杂性。

所有项目团队成员都有责任管理风险,例如,在启动过程中识别风险、澄清触发事件或意识到可能影响工作的潜在新风险。

3.3 风险管理的一般方法

由于在整个项目组合、项目集和项目管理活动中风险无处不在,系统化的风险管理方法对于组织实现其战略目标至关重要。在风险管理背景下,考虑因素包括但不限于以下方面:

- ◆ 未来可能发生的事件或情况(其可变性和模糊性);
- ◆ 可能对企业、项目组合、项目集或项目的一个或多个目标产生正面或负面影响的事件;
- ◆ 事件发生的概率;
- ◆ 事件发生时的影响;
- ◆ 组织影响有利结果或尽量减少不利后果的能力。

3.3.1 评估风险的因素

在企业、项目组合、项目集和项目风险管理的整个过程中,风险存在于组织的所有级别。图 3-3 提供了一个框架,用于根据可用信息以及模糊性和可变性程度,将风险归入四个象限之一。有关"风险分类"的更多信息,请参阅附录 X8。

未知的确定因素 (隐藏的事实) 知识存在于社区之中，而非开展这项工作的实体。	**未知的不确定因素** (突发性风险) 知识不存在于影响范围内。
已知的确定因素 (事实和需求) 作为范围的一部分进行管理。并非风险。	**已知的不确定因素** (典型风险) 拥有知识来识别概率和影响。

图 3-3.风险类别

为了进行风险管理，项目组合、项目集和项目经理需要确定风险的概率和影响。

- **概率**。发生风险的可能性可能从略高于 0% 到略低于 100% 不等。
- **影响**。风险一旦发生，即可能对组织产生积极或消极的影响。影响的程度或意义可能具有不同的后果。

在评估风险时，还有其他因素需要考虑。其中一些包括在附录 X6("适用于风险管理框架的技术")中。

4

项目组合、项目集和项目中的风险管理生命周期

组织应建立适应型的框架,以确保与环境竞争力保持一致,并解决与目标实现和决策相关的日益复杂的问题。复杂性是项目组合、项目集和项目及其环境的固有特征;由于工作流程涉及各个方面(人的行为、系统行为、不确定性和模糊性),因此难以管理。复杂性会影响组织及其维持业务活动稳定性、可预测性和能力。有关更多信息,请参阅《驾驭复杂性:实践指南》[5]。

需要使用风险管理的综合角度来定义组织的治理和运营中的正确结构。通过建立适当的框架,组织能够:

◆ 清楚地说明目标;

◆ 定义外部和内部参数以处理有效的风险管理生命周期的;

◆ 通过迭代型活动在剩余过程的范围内制定风险标准。

建立框架的目的是使资源和过程与组织的战略和目标保持一致。无论是项目组合、项目集或项目生命周期方法如何,风险管理生命周期在风险管理框架内运行,以确保以结构化的方式管理风险。

4.1 风险管理生命周期简介

本节描述的风险管理生命周期说明了一种结构化方法,可以对企业、项目组合、项目集和项目领域的风险进行全面的了解。尽管这些领域之间以及不同组织之间的风险管理方式有所相同,但整体生命周期方法概述了一系列可以迭代的逻辑阶段,其中包括以下过程:

- ◆ 规划风险管理;
- ◆ 识别风险;
- ◆ 实施定性风险分析;
- ◆ 实施定量风险分析;
- ◆ 规划风险应对;
- ◆ 实施风险应对;
- ◆ 监督风险。

风险管理生命周期如图 4-1 所示。它拥有一个专门、程序性和迭代型的活动和过程工作流程;该工作流程会在整个企业内以及在项目组合、项目集和项目领域内得到支持和执行。由于风险具有不断演变的性质,风险管理生命周期可确保过程的可重复工作流,从而支持战略决策。所有这些活动都是在项目组合、项目集和项目领域之内和之间以整合的方式执行的。

风险管理生命周期的迭代型工作流程被嵌入到战略执行框架之中,在该框架中,项目组合、项目集和项目管理与组织的文化基础、能力以及组织职能或绩效域的使用密切相连。可以理解,一旦项目组合、项目集或项目结束,风险管理过程就会终止,并记录适当的经验教训。在该框架之下,人们可以通过第 5、6 和 7 节所述的每个领域内的风险管理计划来实施整体风险过程。

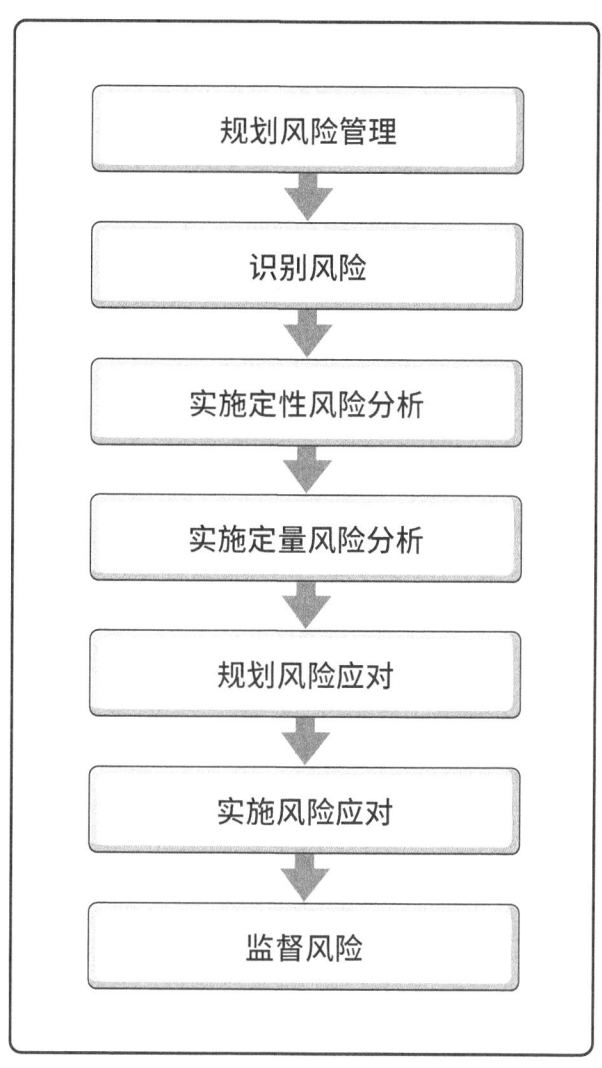

图 4-1.项目管理生命周期框架

4.2 规划风险管理

有效的风险管理需要制定风险管理计划。该计划描述了如何执行风险管理过程以及如何使这些过程与其他过程保持一致。在更广泛的层面上，风险管理计划描述了风险管理过程、常规项目组合、项目集或项目管理以及组织其他部门的管理过程之间的关系。初始风险管理规划在工作的总体规划早期进行，而且相应的活动被整合到整体管理计划之中。随着工作和相关方的需求变得更加明确或发生变化，风险管理计划可能需要调整。

风险管理规划的可行性取决于执行风险管理规划的组织的特点。风险管理计划中定义的规则和准则反映了 (a) 组织的文化、(b) 组织在人员和设施方面的能力，以及 (c) 组织的价值观、目的和目标。风险管理计划识别并描述了相关的组织程序和任何其他适用的事业环境因素，例如战略风险管理、企业风险管理 (ERM) 和公司治理过程。

4.2.1 规划风险管理的目的

"规划风险管理"过程的目标是：制定总体风险管理策略，决定如何执行风险管理过程，并将风险管理与所有其他活动整合起来。风险管理计划定义了重复各种过程的正常频率以及启动相应行动的特定或特殊条件。相应的风险管理活动被整合到项目组合、项目集或项目管理计划中。

4.2.1.1 规划风险管理中的风险偏好

被视为可接受的风险水平取决于有关相关方的风险偏好。相关方的风险偏好可能受多种因素的影响。这些因素包括相关方容忍不确定性的能力以及实现特定目标的相对重要性。然后在应用风险管理流程时考虑此分析的输出

向管理层和其他相关方上报风险相关信息的指南和规则反映了相关方的风险偏好和期望。随着工作的进展，与相关方保持有效的沟通使项目组合、项目集和项目经理能够了解相关方态度的任何变化，并调整风险管理方法以顾及任何新因素。

风险管理计划提供了用于描述风险的术语，这使参与者能够分享对这些术语的共识。风险管理计划还定义了风险管理的关键值以及作为参数（其定义方式与工作范围和相关方态度一致）的临界值。同样，风险管理计划规定了定量分析、风险应对规划和风险监督中的决策所需的关键数值。

4.2.1.2 裁剪和调整风险管理计划

项目组合、项目集和项目面临不同类型的风险,因此风险管理生命周期中的每个步骤都是经过裁剪和调整,以满足各种风险特征。管理过程也会紧密地集成在项目组合、项目集和项目领域之间。

此初始步骤的结果会被记录下来并进行沟通,随后会由相关方进行审查,以确保对风险管理过程的范围和目标达成共识。

风险管理计划包括根据组织过程成熟度裁剪的风险管理过程。过程的可扩展要素(作为风险管理规划一部分)包括但不限于:

- ◆ 可用资源;
- ◆ 上报路径;
- ◆ 所使用的方法和过程;
- ◆ 所使用的工具和技术;
- ◆ 支持性的基础设施;
- ◆ 审查和更新的频率;
- ◆ 报告要求。

4.2.2 规划风险管理的成功因素

有效风险管理计划的标准包括:

- ◆ 相关方认可;
- ◆ 识别偏见并纠正偏见;
- ◆ 与内部和外部制约因素和优先事项保持一致;
- ◆ 成本或人力投入与收益之间实现平衡;
- ◆ 风险管理过程需求具有完整性。

4.3 识别风险

一旦商定了风险管理的范围和目标,就开始识别风险的过程,并仔细区分真正的风险和非风险,例如顾虑和问题。不可能(甚至无法)在一开始就识别所有风险。随着时间的推移,风险敞口可能会因先前所做的决定和行动以及外部强加的变化而发生变化。

4.3.1 识别风险的目的

风险识别的目的是在切实可行的范围内识别风险。对于新出现的风险,必须采用迭代型的风险管理过程,即重复风险识别活动,以发现以前不明显的风险。

可以使用多种风险识别技术,每种技术都有自己的优点和缺点(见附录 X6["适用于风险管理框架的技术"])。根据需要选择一种或多种技术来满足特定项目组合、项目集或项目的需求。这样做的目的是暴露并记录所有可知风险,同时认识到某些风险本来就是不可知的,而其他风险则会在工作后期出现。在识别风险时,会向多个相关方广泛征求意见,因为每个相关方可能对项目组合、项目集或项目面临的风险有不同的看法。也可能会对历史记录和文件进行审查,以帮助识别风险。

当首次识别风险时,可能会同时确定初步应对措施。这些应对措施会在识别风险过程中记录下来,并在适当时考虑立即采取行动。如果未立即实施这些应对措施,则应在规划风险应对过程中予以考虑。

所有已识别的风险会记录下来,同时也可能会确定风险责任人。风险责任人是负责监督风险、选择并实施恰当的风险应对策略的个人。风险责任人的责任是在后续风险管理过程中管理相应的风险。

4.3.2 识别风险的关键成功因素

在实现识别风险的目标方面取得成功涉及（但不限于）以下方面：

- ◆ 及早识别；
- ◆ 迭代识别；
- ◆ 新发风险的识别；
- ◆ 全面识别；
- ◆ 明确识别机会；
- ◆ 多角度；
- ◆ 与目标相关的风险；
- ◆ 完整的风险陈述；
- ◆ 责任情况和详细程度；
- ◆ 频繁而有效的沟通；
- ◆ 做到客观，以尽量减少偏见。

4.4 实施定性风险分析

定性风险分析会评估单个风险的重要性，以便对各个风险进行分类和优先排序，从而进一步关注这些风险。它还提供了一种评估项目组合、项目集或项目的整体风险水平的机制。

4.4.1 实施定性风险分析的目的

定性技术用于更好地了解单个风险。定性技术会考虑多个特征，例如发生的概率、对目标的影响程度、易管理性、可能产生的影响的时机、与其他风险的关系以及常见的原因或结果。

使用定性风险分析评估单个风险时会评估项目组合、项目集或项目目标发生每个风险（如果发生）的概率。因此，这一评估并不直接解决由于所有风险的综合影响及其潜在相互作用所产生的整体风险。但这可以通过运用定量风险分析技术来实现。

定性风险分析适用于通过"识别风险"过程创建或更新的风险的列表，以便向管理层提供对实现目标影响最大（正面或负面）的风险的特征。被评估为高优先级的风险（它们会威胁或促进目标的实现）会在规划风险应对过程中予以强调。可通过定量风险分析来进一步分析这些风险。

4.4.2 实施定性风险分析的关键成功因素

在实现"实施定性风险分析"过程的目标方面取得成功涉及（但不限于）以下方面：

- ◆ 使用约定的方法；
- ◆ 使用约定的风险术语定义；
- ◆ 收集与风险相关的可信信息；
- ◆ 实施迭代定性风险分析。

4.5 实施定量风险分析

"实施定量风险分析"过程可让您深入了解已识别的风险对所期望结果的综合影响。该过程会考虑概率或组件范围的影响，例如风险、相互依赖关系和反馈循环之间的关联。它表明了项目组合、项目集或项目所面临的总体风险的程度。

4.5.1 定量风险分析的目的

"实施定量风险分析"过程提供了风险对目标的总体影响的数值估算。这一分析的结果用于评估成功实现目标的可能性，并估算任何应急储备。

与非概率方法相比，使用定量技术分析不确定性可获得更切实可行的估算。然而，定量风险分析并非总是必要和可能。因此，在规划风险管理过程中，应该权衡定量风险分析的收益与所需的人力投入，以确保额外的见解和价值证明额外的人力投入是合理的。

然而，部分风险分析（例如定性风险分析）仅优先考虑单个风险，因此在同时考虑所有风险的情况下，无法提供整体风险的度量。计算总体风险的估算值是"实施定量风险分析"过程的重点。特定的风险通常在详细层级上才能得到最好的理解和量化。相比之下，目标则会在较高层级上指明。整体风险分析（例如运用定量技术的分析）会估算所有已量化风险的影响。因此，通过全面了解单个风险及其在目标方面的相对重要性，可以进一步强化定量风险分析和随后的风险评估的相对重要性。整体风险可能会决定应放在特定的单个风险上优先级。

使用定量方法估算总体风险有助于区分在相关方承受能力之外危及目标的量化风险和承受范围内的风险（即使在考虑风险的情况下）。可对在相关方承受能力之外危及目标的风险采取有力的风险应对措施，旨在保护对相关方最重要的目标。

4.5.2 实施定量风险分析的关键成功因素

在实现定量风险分析的目标方面取得成功涉及（但不限于）以下方面：

- ◆ 预先识别风险和定性风险分析；
- ◆ 适当的模型；
- ◆ 具备使用相应技术分析工具的能力；
- ◆ 致力于收集可信的风险数据；
- ◆ 公正的数据；
- ◆ 定量风险分析中风险之间的相互关系。

4.6 规划风险应对

"规划风险应对"过程确定了适合于单个风险的优先级和总体风险的有效应对行动。这一过程考虑了相关方的风险态度和风险管理计划中的规定，以及在识别和分析风险时确定的任何制约因素和假设条件。一旦确定了单个风险的优先级，就会针对威胁和机会制定适当的风险应对措施。这一过程一直持续到制定出一套最佳应对措施为止。对于威胁和机会，存在一系列可能的应对措施。

针对威胁，可以考虑下列五种应对措施：

- **上报**。当威胁超出项目组合、项目集或项目范围时，或者当建议的应对措施超出特定经理的职权范围时，上报是合适的做法。上报的风险会在企业领域、项目组合领域、项目集领域或组织的其他相关部门进行管理对于被上报的威胁，会由组织中的相关人员来承担应对之责。威胁通常会被上报给其目标会受该威胁影响的那个层级。

- **规避**。风险规避是指项目组合、项目集或项目团队采取行动来消除威胁或保护相关活动免受风险的影响。它可能适用于发生概率较高，且具有严重负面影响的高优先级威胁。规避策略可能包括更改管理计划的某些方面或更改面临危险的目标，以便彻底消除威胁的影响。这样即使发生风险，风险也不会对目标产生影响。风险责任人也可以采取措施，来分离目标与风险万一发生的影响。

- **转移**。转移策略涉及到将应对威胁的责任转移给第三方，让第三方管理风险并承担威胁发生的影响。采用转移策略，通常需要向承担威胁的一方支付风险转移费用。

- **减轻**。风险减轻是指采取措施来降低威胁发生的概率和（或）影响。提前采取减轻措施通常比威胁出现后尝试进行弥补更加有效。如果无法降低概率，也许可以从决定风险严重性的因素入手，来减轻风险发生的影响。

- **接受**。风险接受是指承认威胁的存在，但不主动采取措施。此策略可用于低优先级威胁，也可用于以任何其他方式无法加以经济有效地应对的威胁。接受策略又分为主动或被动方式。最常见的主动接受策略是建立应急储备，包括预留时间、资金或资源以应对出现的威胁。被动接受策略则不会主动采取行动，而只是定期对威胁进行审查，确保其并未发生重大改变。

针对机会，可以考虑下列五种应对措施：

- **上报**。当机会超出项目组合、项目集或项目范围时，或者当建议的应对措施超出特定经理的职权范围时，适合采取风险应对策略。上报的机会会在项目集领域、项目组合领域或组织的其他相关部门进行管理。对于被上报的机会，会由组织中的相关人员来承担应对之责。机会通常要上报给其目标会受该机会影响的那个层级。

- **开拓**。如果组织想确保把握住高优先级的机会，就可以选择开拓策略。此策略将特定机会的出现概率提高到100%，确保其肯定出现，从而获得与其相关的收益。

- **分享**。分享策略涉及将应对机会的责任转移给第三方,使其享有机会所带来的部分收益。仔细选择共同的机会的新责任人非常重要,这样可确保抓住机会,从而增进项目组合、项目集或项目的利益。采用风险分享策略,通常需要向承担机会应对责任的一方支付风险费用。
- **提高**。提高策略用于提高机会出现的概率和(或)影响。提前采取提高措施通常比机会出现后尝试改善收益更加有效。通过关注其原因,可以提高机会出现的概率;如果无法提高概率,也许可以针对决定其潜在收益规模的因素来提高机会发生的影响。
- **接受**。接受机会是指承认机会的存在性,但不主动采取措施。此策略可用于低优先级机会,也可用于以任何其他方式无法经济有效地应对的机会。接受策略又分为主动或被动方式。最常见的主动接受策略是建立应急储备,包括预留时间、资金或资源,以便在机会出现时加以利用。被动接受策略则不会主动采取行动,而只是定期对机会进行审查,确保其并未发生重大改变。

应对措施是在总体战略层面进行规划的,而战略会在制定详细的战术方法之前予以确认和商定。一旦完成这项工作,应对措施将扩大为战术级别的行动,并整合到相关的管理计划中。此活动可能会产生额外的次生风险,此时需要解决这些风险。

除了针对单个风险的应对措施外,还可以采取行动应对项目组合、项目集或项目的整体风险。所有应对策略和行动都记录在案、传达给关键相关方,并纳入相关计划。

4.6.1 规划风险应对的目的

"规划风险应对"过程旨在确定在遵守相关制约因素的同时提供最高成功机会的一组行动。一旦完成对风险的识别、分析并确定其优先级,即会编制计划,以应对团队认为足够重要的每个风险;无论是因为这些风险会对项目目标的实现造成威胁还是因为会提供机会。这些计划描述了要采取的已商定行动以及这些行动可能导致的潜在变更。

实施的风险应对措施可能会对目标产生潜在影响,因此会产生额外风险。这些风险被称为次生风险,并与最初识别的那些风险以相同的方式进行分析和规划。在实施应对措施后,仍可能存在残余风险。这些残余风险会得到明确识别、分析、记录并传达给所有有关相关方,直至他们得到满足。

4.6.2 规划风险应对的关键成功因素

在实现"规划风险应对"过程的目标方面取得成功涉及(但不限于)以下方面:

- ◆ 明确定义与风险相关的角色和职责;
- ◆ 具体说明风险应对措施的时间安排;
- ◆ 为应对措施提供资源、预算和进度计划;
- ◆ 在考虑次生风险和残余风险的情况下,处理风险和应对措施之间的相互作用;
- ◆ 确保制定适当、及时、有效和一致同意的应对措施;
- ◆ 应对威胁和机会。

4.7 实施风险应对

一旦完成风险应对措施的规划,所有已批准的无条件应对行动都将纳入到相关管理计划中并予以定义。这些行动可以视情况委派给风险应对行动负责人。风险责任人会监督行动,以确定其有效性,并识别因实施风险应对措施而可能产生的任何次生风险。

风险责任人和风险行动负责人将了解可能影响其职责的任何变更。风险责任人与项目组合、项目集或项目经理之间保持有效沟通,以便指定的相关方 (a) 承担责任,以控制特定风险潜在结果,(b) 尽最大努力跟踪相关触发条件,以及 (c) 及时实施商定的应对措施。

除了应对行动和触发条件外,作为风险应对规划的一部分,还提供了一个测量应对措施效果的机制。风险应对行动负责人会让风险责任人了解应对行动的状况。风险责任人然后决定风险是否已得到有效处理,或者是否需要规划和实施其他行动。这可确保在正常的项目组合、项目集或项目执行框架内执行商定的行动。

4.7.1 实施风险应对的目的

"实施风险应对"过程的目标是在风险发生时实施商定的风险应对措施。适当关注"实施风险应对"过程有助于确保已商定的风险应对措施会相应地得到执行。

4.7.2 实施风险应对的关键成功因素

在实现"实施风险应对"过程的目标方面取得成功涉及(但不限于)以下方面：

- ◆ 风险责任人对每个风险负责；
- ◆ 相关方致力于按照计划实施风险应对措施；
- ◆ 进行了有效的沟通管理；
- ◆ 风险应对措施的成本是在规划过程中确定和计算的；
- ◆ 提供了应急和管理准备。

4.8 监督风险

"监督风险"过程使项目组合、项目集或项目管理团队能够重新评估以前识别的风险的状态，识别新出现的风险、次生风险和残余风险，并确定风险管理过程的有效性。

项目组合、项目集或项目环境可能随着某些风险的发生而发生变化，无论这些风险是已预见的还是未预见的，而且其他风险会变得具有相关性或不再具有相关性。管理团队会确保在可获得更多信息时使规划文件保持最新状态。使用风险管理生命周期执行的定期风险重新评估会按合理的时间间隔进行，或针对相关事件进行。

如果组织发生重大变更，在重新评估风险之前，可能需要重新审视风险管理规划工作。

除进行定期状态审查外，还会定期进行风险审计，以确定在处理项目组合、项目集或项目中风险方面存在的优势和劣势。这就需要确定风险管理中实现有效性的任何障碍或成功的关键，认识到这些可能有助于改进当前或未来项目组合、项目集或项目的风险管理。

在项目集或项目结束时，对风险管理过程进行综合分析，重点放在长期的过程改进上。这一分析综合了定期审计的调查结果，以确定适用于组织未来大部分项目集或项目的经验教训，例如适当水平的资源、充分的分析时间、工具的使用、详细程度等。

风险管理过程审计的结果会与有关项目组合、项目集或项目风险经历的具体信息整合起来。该分析会突出强调这些结果，并提出今后适用这些结果的潜在行动。这包括任何适用于组织的通用准则，其结果可能会导致相应组织过程资产的更新。

4.8.1 监督风险的目的

"监督风险"过程的主要目标是跟踪已识别的风险并使应对计划保持可行性。除了跟踪和管理风险应对行动外,还会定期审查所有风险管理过程的有效性,以便通过经验教训等活动来改进当前和未来工作的管理。

对于应急响应方案已确定的每个风险或每组风险,都规定了相应的触发条件。风险责任人有责任确保这些条件会受到有效监督,并按照规定及时执行相应的措施。

4.8.2 监督风险的关键成功因素

在整个生命周期内保持风险意识的关键成功因素包括(但不限于):

- ◆ 整体式风险监督;
- ◆ 持续监督风险触发条件;
- ◆ 保持风险意识。

5

项目组合管理背景下的风险管理

项目组合领域内风险管理的目的是确保通过实现组织的战略目标实现高效且富有成效的价值交付。它是通过将机会和威胁的管理结合起来实现的。

在项目组合层面,风险管理会将整个组织级框架考虑在内。项目组合是指为实现战略目标而组合在一起管理的项目、项目集、子项目组合和运营工作。项目组合领域中的风险管理确保所有组件有效实施的过程,以管理整个风险管理生命周期。

项目组合管理的一个主要目标是建立一个可风险分散的项目组合,在该项目组合中,组织会选择承担适当数量的风险,以便在整个组织战略中实现所需的价值。这是通过根据项目组合对总体风险敞口和战略价值的贡献来增加或移除项目组合组件来实现的。

5.1 项目组合风险管理生命周期

第 4 节所述风险管理的生命周期通常适用于项目组合管理。然而,在这种背景下需要考虑相应过程的诸多额外考虑因素。

5.1.1 项目组合风险识别

项目组合层面的风险识别侧重于：(a) 识别影响预期业务绩效交付的风险，以及 (b) 组织实施战略和实现战略目标的能力。

有两个层级的风险：

- **战略风险。** 战略风险是指在项目组合层面直接识别并由项目组合活动触发的风险。战略风险包括与项目组合组件产生业务绩效有关的活动，以及对组织实现战略目标的能力产生影响的活动。
- **战术风险。** 战术风险是指通过项目组合层面的管理过程或从项目组合组件上报的风险。

可能影响项目组合组件的风险通常包括以下类别：

- 不断变化的业务需求、环境或背景；
- 资源的可用性；
- 组件之间的交互；
- 相互冲突的组件目标。

5.1.2 项目组合风险定性和定量分析

在对项目组合层面的风险进行评估时，要考虑风险对实现预期业务绩效或执行组织战略的影响。进行这些分析的原因之一是评估影响程度是否可以控制在项目组合经理的责任范围内。

当项目组合的业务绩效或战略目标受到影响时，通常会在项目组合层面根据运营情况应对这种影响。当组织执行战略和实现预期价值的能力受到影响时，该风险以及应对该风险的责任将上报至更高的治理级别。

5.1.3 项目组合风险应对策略

在项目组合风险管理中,风险应对的重点是利用业务机会,最大限度地为组织及其相关方创造价值。它已超越了处理威胁;在项目组合领域,处理威胁只是对行动设限。项目组合管理还包括应对其组件上报的风险,以确保在适当级别富有成效且高效地应对这些风险。

原则上,第 4.6 节中列出的所有潜在应对措施都可用于在项目组合层面应对风险。

在项目组合层面制定的风险应对战略包括项目组合风险管理计划中记录的活动。此外,由于会从组件层面上报,因此也制定了一些应对措施。对这些活动已相应地编制预算,并由相关来源提供资金。相关资金来源的示例包括项目组合或组件的预防性应对措施的预算、用于处理已知风险事件的相关应急储备或用于处理意外风险相关问题的管理储备。

可以将风险应对措施规划为额外的项目组合组件,例如项目、项目集,子项目组合或项目组合治理框架的要素。这些组件旨在最大限度地提高业务绩效或强化组织战略的执行,以实现战略目标。在某些情况下,风险应对措施还会导致组件被从项目组合中移除。

5.1.4 实施项目组合风险应对措施

在项目组合中实施风险应对措施包括:

◆ 触发项目组合风险管理计划中定义的风险应对措施;

◆ 完成时将相应的预算从应急储备转入预算;

◆ 相应地更新项目组合基准。

被规划为新组件的风险应对措施将成为项目组合的一部分,而且必须应用标准项目组合交付和部署过程。

任何正式批准的风险应对措施都将成为项目组合管理计划不可缺少的组成部分。实施此类应对措施并非对通过正式的项目组合变更管理程序启动的项目组合做出变更。但任何新规划的针对紧急性风险的应对措施都将成为项目组合变更管理程序的一部分。

5.1.5 监测项目组合风险

在项目组合层面监测风险既是一项战术性活动，也是一项战略性活动，具体如下：

- ◆ **战术性活动。** 监督为应对已识别的风险而采取的预期性和应对性行动的执行工作所涉的各个方面。同时确保适当处理可能影响项目组合的运营风险或系统性风险。
- ◆ **战略性活动。** 应对每个项目组合组件风险特征的演变、整体项目组合风险状况以及这一演变对业务绩效的影响。重点是制定并实施组织战略和实现战略目标。定期分析这些风险状况，以识别可能代表新风险或者应对策略效率低下或无效的潜在趋势。

对风险应对措施的监测是根据定量参数和定性评估的使用进行的。这些风险应对措施旨在有效地处理它们正在应对的特定风险，以增强或保持预期业务绩效的实现和组织战略的执行。定性评估是通过修改风险分析来进行的，以确保这些计划高效且富有成效。

在项目组合层面监测风险包括确保治理框架中与风险有关的要素会由项目组合组件适当实施而且富有成效。

5.2 将风险管理整合到项目组合管理绩效域中

为了实现项目组合的目标,可以在所有绩效域的项目组合生命周期中应用多种风险管理实践做法(参见图 5-1)。这些实践做法通常涵盖表 5-1 中所示的领域。

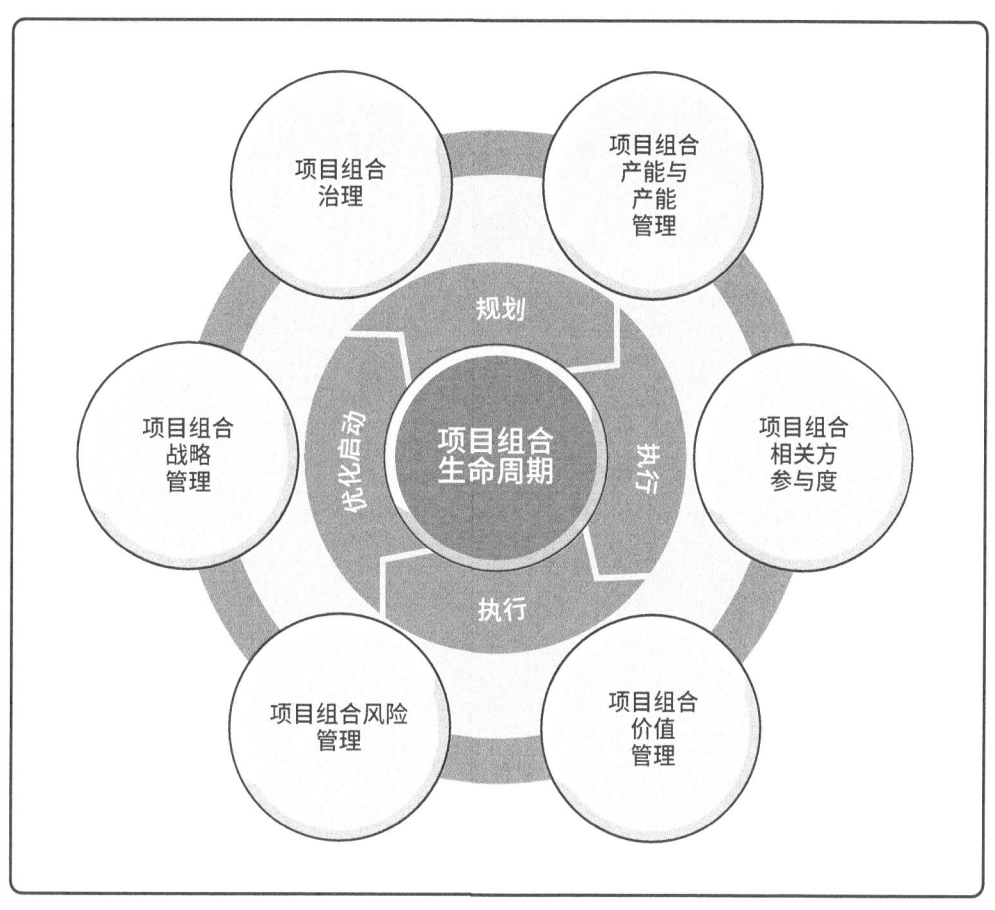

图 5-1. 项目组合管理绩效域(来源: 《项目组合管理标准》 [2])

表 5-1.风险管理实践通常涵盖的项目组合管理绩效域的领域

绩效域	风险管理实践涵盖的领域
项目组合战略管理	• 与组织的风险态度和战略的一致性 • 组织战略的质量 • 组织内战略变更的影响 • 对项目组合的任务、愿景、战略目的和目标的解释 • 外部机会和威胁的影响
项目组合治理	• 项目组合的治理结构、政策和程序 • 将个人分配到关键治理角色 • 基于风险的审计 • 审计报告的使用
项目组合的能力	• 项目组合对组织内其他活动的影响 • 组织其他活动的影响 • 关键的人力资本、财务资本和知识资本 • 关键资产的 • 管理风险所需的能力 • 组织文化、结构和关键过程的影响 • 合作伙伴和供应商的能力 • 绩效报告的使用 • 项目组合优化对价值交付的影响
项目组合相关方参与	• 相关方识别、分类和分析的方法 • 关键项目组合相关方的态度 • 互动与利益冲突 • 让相关方参与进来的方法 • 沟通的范围、渠道、技术和频率
项目组合价值管理	• 改进价值交付的机会 • 项目组合环境中的趋势 • 价值目标与风险态度的一致性 • 组件风险对价值交付的影响 • 预期价值谈判的方法
项目组合风险管理	• 风险管理方法 • 一般项目风险 • 组件风险的累积影响 • 风险上报政策

5.2.1 项目组合战略管理

项目组合战略管理的本质是要确保增强/利用战略机会，规避/减轻可能妨碍组织充分发挥潜力的威胁。因此，项目组合战略管理背景下的风险管理侧重于识别并积极管理可能对组织战略的实现产生重大影响的机会和威胁。

5.2.2 项目组合治理

项目组合治理的目的是确保以适当方式管理项目组合。这包括满足法律、监管和组织治理方面的要求。风险管理在项目组合治理中的角色是利用组织的潜力：(a) 有效确保实行适当的治理和管理实践做法，并 (b) 规避或减轻可能导致项目组合不当行为或无效管理的威胁。

5.2.3 项目组合能力管理

投资组合能力管理背景下的风险管理侧重于投资组合和相关运营的相互影响。此外，能力管理背景下的风险管理可确保作为组件的项目集和项目能适当使用和开发委托给项目组合经理的资本和资产。

5.2.4 项目组合相关方参与

项目组合层面的关键相关方通常包括组织的高管和经理以及主要合作伙伴、供应商和客户组织的高管和经理。另一个关键相关方群体是组件的经理。从这一角度看，项目组合风险管理侧重于 (a) 提高实现组织战略效率的机会，以及 (b) 可能降低实现组织战略的能力的威胁。

5.2.5 项目组合价值管理

项目组合价值管理侧重于确保对项目组合组件的投资会带来预期价值。在这种背景下,风险管理侧重于 (a) 最大限度地增加交付价值提高的机会,以及 (b) 应对可能降低价值或降低价值交付可能性的威胁。

5.2.6 项目组合风险管理

项目组合风险管理侧重于确保项目组合及其组件层面的风险得到有效识别和管理。这是通过风险管理和风险治理实践实现的。由于这些实践做法对于应对项目组合层面的不确定性至关重要,因此也从风险角度对其进行分析。组织然后会采取适当措施,确保风险管理的应用稳健而有效。

6

项目集管理背景下的风险管理

项目集领域内风险管理的目的是确保以最优方式实现项目集的收益。此目的是通过将机会和威胁的管理结合起来实现的。

项目集的一个主要特征是复杂性,而风险管理则可解决这方面的问题。项目集中的风险管理实践利用机会来减少复杂性并应对因复杂性而产生的威胁。

项目集由相互关联且被协调管理的项目、子项目集和项目集活动,以便获得分别管理所无法获得的收益。风险管理可确保所有这些组件均已建立有效的过程,以管理整个风险管理生命周期。

6.1 项目集风险管理生命周期

第 4 节所述风险管理的生命周期通常适用于项目集管理。然而,在这种背景下需要考虑相应过程的诸多额外考虑因素。

6.1.1 项目集风险识别

项目集层面的风险识别侧重于识别可能对预期收益的实现产生影响的风险。它还侧重于组织接管和使用属于项目集范围的组件的结果的能力。

在三个层面上可以识别与项目集相关的风险：

- 从项目组合或企业层面连续传递的风险，这些风险可能影响项目集目标的实现；
- 直接在项目集层面识别并由项目集活动、其相互依赖关系以及与为了产生预期收益而整合各组件的成果有关的活动所触发的风险；
- 从项目集组件上报的风险。

从运营和背景的角度来识别项目集领域的风险：

- **运营风险**。业务层面的风险是项目集活动直接触发的风险，例如项目成果的整合及其相关过渡、变更管理和运营活动的触发。此外，当组件风险的影响超出组件经理的责任范围或其特定预算时，升级上报这些组件风险可能会导致某些运营风险。
- **背景风险**。背景风险是指由项目集的战略和组织环境、相关方以及在策略或业务环境演变或项目集商业论证的变化所产生的风险。当项目集组件的影响和处理超出组件经理的责任范围时，也可以从这些组件上报一些背景风险。

在项目集层面识别或从项目上报的某些风险可能需要上报至企业或项目组合领域。这些风险会影响通过利用项目集创建的业务能力而产生的业务和运营绩效。上报的风险遵循与在项目集层面识别的其他风险相同的分析过程（参见第6.1.2节）。

6.1.2 项目集风险定性和定量分析

在对项目集层面的风险进行评估时，要考虑各种风险对实现预期收益或发展组织预期能力的影响程度。这些分析旨在评估是否可以在项目集预算范围内控制这种影响。

当这种影响会对项目集提供收益或组织能力的能力产生影响时，这种风险将在项目集层面得到解决。

当这种影响会对组织交付绩效和价值(组织预期会从项目集所产生的收益和能力中获得这些绩效和价值)的能力产生影响时,风险及其处理将被上报到企业或项目组合领域。此外,当风险超出所商定的临界值,影响到新能力预期产生的财务和运营绩效时,风险及其处理就会被上报。

6.1.3 项目集风险应对策略

原则上,第 4.6 节中列出的所有潜在应对措施都可用于在项目集层面应对风险。

在项目集层面为应对风险而制定的策略包括风险管理计划中商定,并在项目集预算或应急储备中纳入预算的活动。由于会从组件层面上报,因此也制定了一些应对措施。

这些风险应对措施包括增加项目集活动或组件、更新项目集基准或从项目集中移除组件。

这些新组件旨在最大限度地创造更多的业务收益或进一步促使组织能力得到发展。它们可能还旨在保持或加强项目集对实现相关战略目标或尽量减少对组织目标和战略的威胁的贡献。

6.1.4 实施项目集风险应对措施

在项目集内实施风险应对措施包括:

◆ 触发风险管理计划中定义的风险应对措施;

◆ 完成时将相应的预算从储备转入预算;

◆ 相应地更新项目集基准。

增加新组件时,它们将成为常规项目集范围的一部分,并须应用标准项目集交付和部署过程。

在组件层面实施的风险应对措施应与在项目集领域实施的应对措施保持一致并进行协调。任何正式批准的风险应对措施都将成为项目集管理计划不可缺少的组成部分。实施经批准的风险应对措施并非是对经正式变更管理程序启动的项目集做出变更。但所规划的旨在应对新出现风险的任何新应对措施都将成为项目集变更管理程序的一部分。

6.1.5 监督项目集风险

在项目集层面监督风险既是一项战术性活动,也是一项战略性活动:

- ◆ **战术性活动**。监督为应对已识别的风险而采取的预期性和应对性行动的执行工作所涉的各个方面。
- ◆ **战略性活动**。应对每个项目集组件风险特征的演变、整体项目集风险状况以及这一演变对其旨在产生的业务收益或组织能力的影响。定期分析这些风险状况,以确定任何可能表明新风险或者应对策略效率低下或无效的潜在趋势。

风险应对措施的监督工作是根据管理计划中定义的定量和定性参数进行的,同时考虑了从组件到企业层面的总体影响。

这些风险应对措施旨在有效地应对各自的特定风险,它们有助于促进或维持预期收益的实现。必须进行定性评估,以确保风险应对措施高效且富有成效。

在项目集层面监督风险还包括确保治理框架中与风险有关的要素会由项目集的组件经理适当实施,而且这些要素富有成效。

6.2 将风险管理整合到项目集管理绩效域中

可以在所有绩效域的项目集生命周期中应用多种风险管理实践做法,从而实现项目集的目标(参见图 6-1)。这些实践做法通常涵盖表 6-1 中所示的领域。

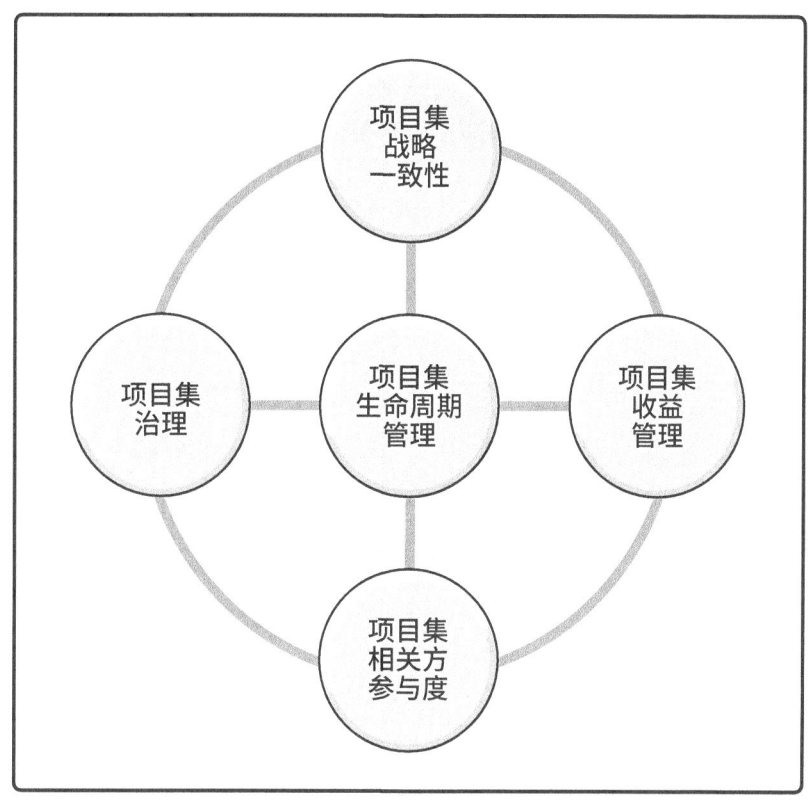

图 6-1. 项目集管理绩效域(来源:《项目集管理标准》[3])。

表 6-1.风险管理实践通常涵盖的项目集管理绩效域的领域

绩效域	风险管理实践涵盖的领域
项目集策略一致性	• 项目集商业论证 • 项目集风险管理方法 • 环境评估
项目集收益管理	• 项目集目标 • 实现新收益的机会 • 收益实现的效率和有效性 • 项目集收益的可持续性
项目集相关方参与	• 相关方识别、分类和分析的方法 • 关键项目集相关方的态度 • 互动与利益冲突 • 让相关方参与进来的方法 • 沟通的范围、渠道、技术和频率
项目集治理	• 项目集治理结构、政策和程序 • 将相关人员分配到关键治理角色 • 项目集复杂性 • 风险上报政策 • 风险管理的有效性
项目集生命周期管理	• 项目集定义阶段活动 • 组件授权与规划 • 组件监督与集成 • 组件过渡

6.2.1 项目集战略协调

项目集战略协调可确保项目集以预期方式对组织战略做出贡献。这一领域的风险管理工作可应对新的战略机会和威胁。必要时,这些工作会导致以适当的方式重新定义项目集或相关项目集组件发生变更。

6.2.2 项目集收益管理

项目集收益管理可确保成功实现商业论证和其他项目集治理文件中描述的项目集收益。这一领域风险管理的主要焦点是:(a) 管理可以增加这些收益的机会,(b) 更高效地提供机会,以及 (c) 管理可能危及项目集实现其收益的工作的威胁。

6.2.3 项目集相关方参与

从项目集角度看,关键相关方通常包括项目集治理委员会成员、项目集经理、项目集组件经理、合作伙伴、关键供应商以及影响项目集收益或受项目集收益影响的监管者。从这一角度看,项目集风险管理侧重于提高实现项目集收益的成效的机会,以及最大限度地减少可能降低实现项目集收益的能力的威胁。这一目标可通过相关方在项目集层面的有效参与来实现,它可确保各项目集组件中的相关方管理战略保持一致性。

6.2.4 项目集治理

项目集治理使用框架、功能和过程来监督、管理和支持项目集,以实现组织的战略和运营目标。项目集治理还处理项目集的复杂性,以努力减少这种复杂性。这些活动得到风险管理实践做法支持,侧重于从风险角度分析各种治理方法。此外,风险分析还为选择相关人员担任关键治理角色提供支持。

从风险管理的角度来看,项目集治理的一个关键要素是风险上报过程,该过程与各个组件中的过程整合在一起,并得到项目集治理过程和结构支持。

6.2.5 项目集生命周期管理

项目集生命周期管理可确保项目集的定义、交付和收尾活动均会得到有效管理。实现这一目标旨在确保使用正确的组件集、按正确的序列并根据项目集的商业论证和其他治理文件来实现项目集的收益。

这一领域的风险管理侧重于尽早识别和应对项目集层面的风险。这一目标是通过将风险识别、分析和应对措施规划完全整合到所有项目集和组件活动中实现的。

6.2.6 支持性项目集活动

尽管项目集层面活动的管理往往与组件层面有很大不同,但支持性项目集活动的风险管理过程在性质上与作为组件的项目类似。

项目集治理在项目集及其组件(包括上报机制)之间制定风险管理政策。这可确保风险管理实践未涵盖的组件和项目集级别之间不存在任何差距。

7

项目管理背景下的风险管理

项目领域内风险管理的目的是确保支持以最佳方式交付项目成果,从而实现开展项目旨在获得的收益。此外,风险管理有助于确保在已确定的项目制约因素范围内交付这些成果。

项目旨在创造独特的产品、服务或成果。项目风险是由一些运营活动的不确定性和事业环境因素触发的。项目成功与否将根据交付切实成果的能力进行评定和评估。因此,在项目层面管理的风险是根据其对交付切实成果的能力的潜在影响评估和考虑的。对风险的评估和分析侧重于战术层面,而对预期价值或收益创造的影响方面的每一个其他考虑事项都将上报至项目组合或项目集治理层面。

项目团队需要了解促使其进行授权的战略目标。这样可便于对可能影响目标的关键机会和威胁进行有效、主动的项目管理和报告。

7.1 项目风险管理生命周期

第 4 节所述风险管理的生命周期通常适用于项目管理。然而,在这种背景下需要考虑相应过程的诸多额外考虑因素。

7.1.1 项目风险识别

在项目层面识别风险是以运营和背景输入为基础的。运营输入来自项目本身的活动。这些输入包括：

- **项目范围说明书。** 有很多与项目预期交付的产品、服务或其他成果的规格和所商定的交付方法相关的风险。
- **项目生命周期。** 无论所选的生命周期如何，生命周期本身都会带来许多风险。
- **工作分解结构(WBS)、活动清单或待办事项列表。** 有一些风险与项目工作的分解直接相关，并由项目的执行触发。
- **估算。** 估算是按时间、成本、工作和资源进行的。某一估算的目标准确度是该估算所允许的风险水平。
- **依赖关系和工作顺序。** 相互依赖关系以及由此形成的工作顺序是风险的来源。应特别关注通过与其他项目共享资源所产生的关键路径和外部依赖关系。如果关键路径在项目生命周期中发生变化，与该关键路径上的要素相关的风险的重要性也可能会不断变化。
- **采购计划。** 分包项目范围内的部件可能是一种转移风险的行为，但也可能触发新的风险。
- **变更请求。** 每次在项目中实施变更时，它可能会消除某些风险，但也可能会触发新的风险。
- **历史数据。** 根据过往经验，识别并自动处理系统性风险非常重要。

背景风险是因考虑事业环境因素和影响项目环境的其他战略或组织方面而产生的，例如：

- **相关方分析。** 所有关键相关方都可以带来大量可以利用的机会；但是，如果处理不当，它们可能会带来需要减轻的威胁。
- **商业论证。** 商业论证通常意味着存在一定程度的不确定性或风险的获利能力或正投资回报率的因素。在项目完成后实现和维持收益的能力是风险识别的一部分。影响收益实现的风险可以在项目执行过程中加以应对。

- **项目集或项目组合治理层面的成功因素。** 这些因素可能随时间的推移而变化,而且会改变项目集或项目组合 内 项目的优先级。
- **事业环境因素。** 组织的战略、结构、业务环境的动态以及监管环境的变化等因素是会直接影响项目的风险的触发因素。

7.1.2 定性和定量项目风险分析

项目层面的风险评估是在考虑到对项目目标的影响程度和发生概率的情况下进行的。这些分析旨在评估能否在项目预算范围和项目经理的责任范围内控制这种影响。在项目经理和团队的责任范围内,其影响被评估为可控的风险会在项目风险管理计划和策略中加以应对。超过责任范围的所有风险影响都将上报至适当的治理层级。

如果确定风险的影响在项目预算和项目经理和团队责任范围内可控,则在项目层面加以应对。

如果风险使组织获得或维持预期收益的能力受到影响,则风险及其处理会被上报至适当的治理层级。

7.1.3 项目风险应对策略

原则上,第 4.6 节中列出的所有潜在应对措施都可用于在项目层面应对风险。

为在项目层面处理风险而制定的策略包括以风险管理计划为指导的活动,这些活动纳入了相应的预算,并由项目应急储备提供资金。风险应对措施包括额外的活动或工作包,以便更新项目基准或从这些相同的基准中移除活动。

每当项目是作为一个项目集或项目组合的一部分进行管理时,上报风险至更高的治理层级始终是应对措施之一。上报可提高应对风险的成效或效率,这些风险要么是会影响项目集或项目组合的特定风险,要么是所需资金超过应急储备的风险。

7.1.4 实施项目风险应对措施

项目中的风险应对措施是根据风险管理计划实施的,储备中的相应预算将被编入预算,而且项目基准会相应地进行更新。这些活动共同成为常规项目范围的一部分,必须应用项目执行过程。

风险应对计划的实施并非通过正式的项目变更管理程序启动的。应对风险是项目管理计划中的一部分,无需采用正式的变更控制过程,因为它已被批准为风险管理计划的一部分。

7.1.5 监督项目风险

在项目层面监督风险包括:

- ◆ 检查已识别风险的状态;
- ◆ 核实任何已知风险是否尚未发生或者不会发生;
- ◆ 监督为应对风险监测或发生而实施的所有行动的状态。

这些活动通常会导致计划、登记册和控制文件的得到更新。此外,相关人员会定期分析绩效报告,以识别能够表明新风险或者应对策略无效的潜在趋势。

为预见和防止发生威胁或者利用和开发机会,相关人员将根据其时间、成本、范围和规格等定量参数实施风险应对措施。定性评估会评估针对已发生的特定风险的风险处理的成效和效率。

7.2 将风险管理整合到项目管理过程组中

《项目管理知识体系指南》(简称*《PMBOK® 指南》*) [4] 介绍了项目风险管理知识领域。我们接下来将分析项目风险管理中的过程与其他知识领域之间的关系。在整个项目生命周期中可以应用多种常规风险管理实践做法。以下各节概述了这些实践做法,因为它们与表 7-1 中所示的过程组和知识领域相关。

表 7-1. 风险管理实践通常涵盖的项目管理过程组和知识领域的领域

知识领域	项目管理过程组					
	启动过程组	规划过程组	执行过程组	监控过程组	收尾过程组
项目整合管理	・影响大的风险 ・设定目标和一般范围 ・生命周期的选择	・规划过程的完整性 ・数据质量	・交付过程 ・与风险相关的知识转移 ・经验教训和历史数据的使用	・控制的完整性 ・与变更相关的风险	・成果过渡 ・收益的可持续性
项目范围管理		・范围和需求管理方法 ・分解方法		・确认方法 ・控制方法 ・工作绩效数据的使用	
项目进度管理		・进度计划管理方法 ・评估		・控制方法 ・工作绩效数据的使用	
项目成本管理		・融资 ・成本管理 ・估算		・控制方法 ・工作绩效数据的使用	
项目质量管理		・质量管理方法和测量指标 ・过程改进	・质量文化	・控制方法 ・工作绩效数据的使用	
项目资源管理		・资源管理方法 ・估算	・资源获取 ・团队建设和管理	・控制方法 ・工作绩效数据的使用	
项目沟通管理		・沟通方法、范围和频率	・沟通渠道和技术	・监督方法 ・工作绩效数据的使用	
项目风险管理		・风险态度 ・风险管理方法 ・适应生命周期 ・与其他项目计划整合 ・公差 ・次生风险和残余风险	・风险管理过程问责 ・应对措施实施问责	・监督方法 ・工作绩效数据的使用 ・风险管理的持续改进	
项目采购管理		・采购管理方法 ・合同类型	・选择标准 ・谈判方法	・供应商能力 ・控制方法 ・工作绩效数据的使用	
项目相关方管理	・识别和分类方法 ・关键相关方的风险态度 ・利益冲突	・参与策略	・战略执行的一致性	・监督方法 ・工作绩效数据的使用	

7.2.1 启动过程

启动过程的实施目的是通过获得开始一个新项目或现有项目的一个新阶段的授权来定义该项目或阶段。这项工作的一个重要部分是了解可能影响实现商业论证所指明目标的高层级风险。在授权开始项目或阶段之前,必须解决这些风险。

在项目启动期间,选择适当的项目生命周期是风险管理所支持的首批决定之一。每个已知的项目生命周期都通过帮助增加和开发机会或引入一些威胁来对项目管理的所有领域产生影响。

项目启动期间风险管理的另一个重要方面是了解与关键相关方、他们的利益、他们之间以及与项目的潜在冲突有关的风险。

7.2.2 规划过程

规划过程会明确项目范围,优化目标,并为实现开展项目旨在实现的目标制定行动方案。

整体风险管理方法的选择是关键的规划决策之一。它包括对可能影响风险管理过程有效性的风险进行分析。

也包括风险管理实践的关键规划领域包括:

- ◆ 规划过程和所形成的计划的完整性;
- ◆ 在与项目相关的所有知识领域中选择管理方法;
- ◆ 估算活动。

此过程组中的过程通常会识别出大量风险,因为这些过程包括规划所需的分析工作。必须确保风险识别成为此过程组中每个过程的自然组成部分。

7.2.3 执行过程

实施执行过程旨在完成项目管理计划中确定的工作,以满足项目要求并实现项目目标。成功的风险管理取决于项目内部的知识流动以及参与项目执行工作的组织。

当获得主动行为、开诚布公地沟通、组织学习法和持续改进的文化支持时,风险管理实践最为有效。这意味着,与团队建设和管理、质量管理、相关方参与策略的执行以及沟通过程进行整合至关重要。

7.2.4 监控过程

监控过程的实施目的是跟踪、审查和调整项目进展与绩效,识别需要对计划做出变更的领域,并启动相应的变更。

风险管理可为旨在确保报告完整且可靠的工作提供支持。另一方面,风险识别、风险分析和风险监控过程将绩效数据和信息用作有助于识别、分析和监督风险的关键输入。

7.2.5 收尾过程

收尾过程的实施目的是正式完成或结束项目、阶段或合同。就风险管理而言,部分收尾实践包括获取可能在未来的项目阶段、项目或组织的其他活动中有用的知识。可能影响收益实现的剩余已知风险会在项目收尾前完成移交。

附录 X1
《项目组合、项目集和项目中的风险管理标准》的制定

《项目风险管理实践标准》于 2009 年发行。它旨在：(a) 在项目风险管理方面，为项目管理专业人员和其他项目相关方提供一种标准，该标准在多数时候、对于多数项目都被认为是良好做法；并 (b) 提供一种全球适用和一贯应用的标准。

《项目风险管理实践标准》涵盖单个项目的风险管理。第 4 版《项目管理知识体系指南》（简称《PMBOK® 指南》）第 11 章构成《项目风险管理实践标准》的基础。与《PMBOK® 指南》一样，该实践标准不涵盖项目组合或项目集中的风险。

在 2017 年，PMI 标准项目集团队 (SPT)（包括 PMI 标准经理和标准成员咨询小组）认识到风险管理是项目组合、项目集以及项目的主要考虑因素，制定了以原则为导向的《项目组合、项目集和项目中的风险管理标准》。除了在 PMI 的三个基础性标准（第 6 版《PMBOK® 指南》、第 4 版《项目集管理标准》和第 4 版《项目组合管理标准》）的范围内阐述风险外，该章程还指导项目团队确定风险管理的核心原则和实践做法，描述风险管理的基本原则，并编写标准以反映风险管理方面当前公认的良好实践。

项目团队组建于 2017 年秋。由八名 PMI 志愿者组成，由委员会主席 Gary Sikma 和副主席 David Ross 领导。除了按照章程的指示将风险管理的范围扩展到项目组合、项目集和项目之外，项目团队还向 PMI 的 Lexicon 团队提交了建议，以增强与风险相关的定义，以涵盖所有三个领域。该标准的初稿于 2018 年 3 月 12 日完成，然后分发给主题专家 (SME) 审查评议。该文档根据主题专家的意见进行修改，并于 2018 年 7 月 2 日作为公开征求意见稿（草案）发布给从业者团体。委员会对该草案做出修订，并向 PMI 标准共识机构提交了公开征求意见稿（草案）行动方案的最终底稿和摘要报告，以供批准，并随后公布。

附录 X2
《项目组合、项目集和项目中的风险管理标准》
的撰稿者和审阅者

项目管理协会感谢所有这些人的支持,并感谢他们对项目管理行业的杰出贡献。

X2.1 《项目组合、项目集和项目中的风险管理标准》核心委员会

下列人员是负责起草标准(包括对审阅者的意见做出裁决)的核心委员会成员。

Gary J. Sikma,PMP,PMI-ACP,主席
David W. Ross,PMP,PgMP,副主席
Kari Dakakni,PMI-RMP,PMP
Christopher Edwards,MBA,PMP
Nicki Kons,PMI-RMP,PMP
Olivier Lazar,PMI-RMP,PfMP
Grzegorz Szalajko,CISA,PMP
Te Wu,博士,PgMP,PfMP

X2.2 重要撰稿者

除委员会成员外，下列人士还提供了作为文档输入的内容和概念。

Nick Clemens，PMI-ACP，PMP
Joel Crook，PMP，PgMP
Valerie P. Denney，DBA，PMP
David Hillson，博士，HonFAPM，PMI 会员
Brian Williamson，PMI-RMP，PMP

X2.3 审阅者

X2.3.1 主题专家审阅

下列人士应邀担任主题专家，他们审阅了初稿并提出了改进建议。

Ruan Almeida，MBA，PMP
Alfredo Armijos，PMI-RMP，PMP
Eric Biderbost，Ing Dipl EPF，PMP
Kiron D. Bondale，PMI-RMP，PMP
Robert G. Brown，博士，PMP
Panos Chatzipanos，博士，Dr Eur Ing
Nick Clemens，PMI-ACP，PMP
Joel Crook，PMP，PgMP
Valerie P. Denney，DBA，PMP
Tommy Dodson，MBA，PMP
John D. Driessnack，IPPM，PfMP
Vanessa Everhart，MBA
Akram Hassan，博士，PMI-RMP

Piotr Hendzak，PMP
David A. Hilson，博士，HonFAPM，PMI 会员
Nicholas J. Holdcraft，PMI-RMP，PfMP
Cedrik Lanz
Alan C. Maltz，博士，PE
Michael J. Marren，PMP
Debbie Mckee
Rafal Nowak，MSc，PMP
Josef Oehmen，博士
Andrew Resseguie，PMI-RMP
Dan Steelian Roman，PMI-ACP，PMP
Cindy Shelton
Dave Violette，MPM，PMP

X2.3.2 共识机构审阅

下列人员是共识机构的成员,他们为发布该标准提供了最终批准。

Nigel Blampied,PE,PMP
Chris Cartwright,MPM,PMP
John Dettbarn,DSc,PE
Charles Follin,PMP
Michael Frenette,SMC,PMP
Dana Goulston,PMP
Brian Grafsgaard,PMP,PgMP
Dave Gunner,PMP
Dorothy Kangas,MS,PMP
Thomas Kurihara
Hagit Landman,PMI-SP,PMP
Tim MacFadyen,MBA,PMP

Vanina Mangano,PMI-RMP,PMP
Mike Mosley,PE,PMP
Nanette Patton,MSBA,PMP
Yvan Petit,博士,PMP
Crispin ("Kik") Piney,PgMP PfMP
Mike Reed,PMP,PfMP
David Ross,PMP,PgMP
Paul Shaltry,PMP
C. Gabriela Spindola
Chris Stevens,博士
Judi Vincent
David J. Violette,MPM,PMP

X2.3.3 公开征求意见稿的审阅

下列人员参加了标准的公开审查工作,并提出了改进建议。

Habeeb Abdulla,MS,PMP
Charles D. Ackerman,PMI-ACP,PMP
Lipika Ahuja,MPA,PMP
Phill C. Akinwale,MSc,PMI-RMP
José Rafael Alcalá Gómez,PMP
Abdulrahman Alulaiyan,MBA,PMP
Charalampos Apostolopoulos,博士,PfMP
Ondiappan Arivazhagan,PMI-RMP,PMP
Sharaf A. Attas,PMI-RMP,PMP
Kiron D. Bondale,PMI-RMP,PMP
Farid F. Bouges,博士,PMP,PfMP
Armando Camino PMI-ACP,PMP
Tessore Carlos,博士,PMI-RMP
Panos Chatzipanos,博士,Dr Eur Ing

Nguyen Si Trieu Chau,PgMP,PfMP
Williams Chirinos,MSc,PMP
Jorge Omar Clemente,CPA,PMP
Dariusz Ciechan,PMI-RMP,PMP
Sergio Luis Conte,博士,PMP
Adam D. Coombs,PEng,PE
Jeanine Cooper,PMI-SP,PMP
Helio R. Costa,DSc
Joel D. Crook,PMP,PgMP
William D'Souza,MBA,PMP
Panini Deshpande,MBS,PMP
Danil Dintsis,博士,PMP,PgMP
Phillip Doyle,PMP
Vick Ekizian,PMI-RMP

Dimitrios M. Emiris，博士，PMP
Fereydoun Fardad，PMI-RMP，PMP
Uriel Fliess，PMP
Luis Alberto Flores，PMI-RMP，PMP
Carlos Augusto Freitas，CAPM，PMP
Ivo Gerber，PMI-ACP，PgMP
Carl M. Gilbert，PMI-RMP，PMP
Theofanis C. Giotis，PhDc，PMP
Gabrielle Bonin Haskins，PMP
Sergio Herrera-Apestigue，P3O，PMP
David Hillson，博士，HonFAPM，PMI 会员
Suhail Iqbal
Dorothy L. Kangas，MS，PMP
Suhail Khaled，PMI-ACP，PMP
Aikaterini Kiafi，MSPM
Taeyoung Kim，PMP
Konstantinos Kirytopoulos，博士，PMP
Maciej Koszykowski，PMI-RMP，PgMP
P. Ravikumar，PMP，PgMP
G. Lakshmi Sekhar，PMI-PBA，PMP
Jianyong Li
Lydia G. Liberio，JD，PMI-RMP
James Liu，博士，PMP
Sivakumar Loganathan，MTech，MIIT ARB
Juan Carlos Flores López，SMC，PMP
Sergio O. Lugo，MBA，PMP
Frank M. Mangini，MSEE，PMP
Gaitan Marius，PMI-PBA，PMP
Atilio Mashini，SMC，PMP
Felipe Fernandes Moreira，PMP
Aleksei V. Nikitin，PMI-ACP，PMP
Josef Oehmen，博士
Yelena Okonechnikova，MBA，PMP
Habeeb Omar，PgMP，PfMP
Zaid Omer，BSc ElecEng，M.IRMSA
David A. Borja Padilla，Msc，PMI-RMP
Crispin ("Kik") Piney，PgMP，PfMP
Carl W. Pro，PMI-RMP，PMP
Norman Radatz，PMP
Gilberto Regal Rodríguez，PMI-SP，PMP
Dan Steelian Roman，PMI-ACP，PMP
Omar A. Samaniego，PMI-RMP，PMP
Parthasarathy Sampath，PMI-RMP，PMP
Pedro Sandoval
David Shrimpton，PMI-RMP，PMP
Ronald Zack Sionakides，MBA，PMP
Mauro Sotille，PMI-RMP，PMP
Gerhard J. Tekes，PMI-RMP，PMP
Mario Coquillat de Travesedo，PMI-RMP，PMP
Daniel Ubilla Baier，MBA，PMP
Juan Gabriel Gantiva Vergara，PMI-RMP，PMP
Dave Violette，MPM，PMP
Esteban Villegas，PMP
Kyriakos Vougiklakis，BSC，MA

X2.4 PMI 标准项目集成员咨询小组

PMI 标准项目集成员咨询小组 (SMAG) 在标准经理的领导下开展工作。我们衷心感谢他们在整个开发进程中提供了令人信服和有益的指导。

在委员会开展工作过程中，PMI 社区的下列杰出成员在 SMAG 中表现出色：

- Maria Cristina Barbero，CSM，PMI-ACP，PMP
- Michael J. Frenette，I.S.P.，SMC，MCITP，PMP
- Brian Grafsgaard，CSM，PMP，PgMP，PfMP
- David Gunner，MSc，PMP，PfMP
- Hagit Landman，MBA，PMI-SP，PMP
- Vanina Mangano，PMI-RMP，PMP
- Yvan Petit，博士，MEng，MBA，PMP，PfMP
- Carolina Gabriela Spindola，MBA，SSBB，PMP

X2.5 协调团队

在确保新发布的标准之间保持一致性方面，协调团队的下列成员做出了贡献：

X2.5.1 核心团队：

- Bridget Fleming
- Greg Hart
- Hagit Landman，PMI-SP，PMP
- Vanina Mangano，PMI-RMP，PMP
- Tim MacFadyen，MBA，PMP
- Mike Mosley
- John Post，PMP
- David W. Ross，PMP，PgMP
- Cindy Shelton，PMI-ACP，PMP
- Gary Sikma，PMI-ACP，PMP
- Dave Violette，MPM，PMP

X2.5.2 PMI 员工：

M. Elaine Lazar，MA，AStd
Marvin R. Nelson，MBA，SCPM
Lorna Scheel，MSc
Roberta Storer
Kristin Vitello，CAPM
Ashley Wolski，MBA
John Zlockie，MBA，PMP

X2.6 制作员工

特别提及下列 PMI 员工，以示鸣谢：

Donn Greenberg, 出版物部经理
Kim Shinners, 出版物制作助理
Roberta Storer, 产品编辑
Barbara Walsh, 出版物制作主管

附录 X3
项目组合风险管理控制措施

X3.1 项目组合风险管理控制措施的目的

项目组合是指为实现战略目标而组合在一起管理的项目、项目集、子项目组合和运营工作。在项目组合层面,项目、项目集和运营与本组织的投资战略保持一致,以确保通过项目组合运营实现战略目标。项目组合管理的重点是使项目集、项目和运营与组织战略保持一致,并平衡各种风险以实现战略目标。项目组合经理管理资源、制约因素以及从属项目集、项目和运营之间的接口。

项目组合风险管理的主要目标是确保项目组合组件根据组织的战略和业务模式实现最大的成功。从风险角度看,这是通过平衡积极风险和消极风险实现的。风险管理控制措施通过将风险实践无缝整合到所有绩效域中的项目组合生命周期来帮助实现这一目的。这种方法可确保风险管理成为项目组合管理的自然组成部分,并有助于在价值交付方面取得成功。

特定项目组合中特定控制措施的选择、裁剪、实施和监督是项目组合监督活动的一部分。第 X3.2 节至第 X3.7 节介绍了项目组合风险管理的风险管理控制措施以及一些控制措施需要考虑的因素的示例。

X3.2 项目组合战略管理的风险管理控制措施

表 X3-1 中介绍了项目组合战略管理的风险管理控制措施和目标。

表 X3-1.项目组合战略管理的风险管理控制措施和目标

控制 ID	控制目标
PF.STR.1	组织的战略风险态度和偏好会定期重新评估并反映在项目组合治理文件和其他相关项目组合过程资产中。
PF.STR.2	选择项目组合组件的标准反映了组织的风险态度和偏好。
PF.STR.3	整个项目组合生命周期内,识别并积极管理与组织策略正确性有关的风险。
PF.STR.4	与组织内策略变更相关的风险(这些风险可能会影响管理、识别和分析项目组合或其组件的方式)会反映在项目组合治理文件中。
PF.STR.5	在制定或变更这些要素的同时,识别、分析并处理与解释项目组合的使命、愿景、战略目的和目标相关的风险。
PF.STR.6	定期监视组织的环境,寻找可能导致项目组合级别发生变化的机会和威胁。在此背景下,应特别关注实现战略的关键成功因素 (CSF)。
PF.STR.7	在优化项目组合时,识别、分析并处理与实现受影响项目预期价值有关的风险以及因项目组合内项目产生的风险。

在重新评估组织的战略风险态度和偏好以及根据组织的态度和偏好选择项目组合组件时,应考虑以下因素(控制措施 PF.ST.1 和控制措施 PF.STR.2):

◆ 整体组织的战略风险态度,同时考虑其市场、法律和政治背景;

◆ 为了预期的回报,组织愿意接受不确定性的程度。

◆ 组织愿意承受风险的程度、数量或规模;

◆ 风险敞口水平,高于所处理的风险水平,同时低于可接受的风险水平。

在识别与组织战略的正确性相关的风险时,应考虑以下因素(控制措施 PF.STR.3):

- ◆ 制定战略的团队的经验和能力水平;
- ◆ 用于环境分析和预测的模型和数据的可靠性、适用性和准确性;
- ◆ 战略愿景的明确性和完整性;
- ◆ 战略目标的定义;
- ◆ 战略制定过程中决策过程的全面性;
- ◆ 所考虑的战略维度的完整性(例如,平衡计分卡技术所示的战略维度的完整性)。

在识别这几种风险——与组织内的战略变更相关的风险;与分析、执行相关的风险;与项目组合使命、愿景以及战略目的目标的变更相关的风险时,应考虑以下因素(控制措施 PF.STR.4):

- ◆ 组织中正在进行的和计划中的变更;
- ◆ 组织环境(法律、市场、劳动力)正在进行的和计划中的变更;
- ◆ 项目组合变更控制系统及其与项目、项目集和运营组件的接口;
- ◆ 企业外部其他项目组合和实体之间的接口;
- ◆ 事业环境因素和组织过程资产;
- ◆ 相关方参与;
- ◆ 与组织的企业风险管理过程的项目组合界面。

在监督 CSF(关键成功因素)和机会和威胁 (PF.STR.6) 时,应考虑以下因素:

- ◆ 新的技术、材料或工具;
- ◆ 新类型或所增加资源的可用性;
- ◆ 政治、市场、金融或法律环境的变化;
- ◆ 平衡机会和威胁。

在识别与实现项目组合内项目集、项目和运营的预期价值贡献有关的风险时,应考虑以下因素 (PF.STR.7):

- 项目组合商业论证和从属组件商业论证的准确性和持续适用性;
- 项目组合价值交付与战略目标实现之间的联系;
- 任何其他项目组合与所管理项目组合之间的联系。

X3.3 项目组合治理的风险管理控制措施

表 X3-2 介绍了项目组合治理的风险管理控制措施和目标。

表 X3-2.项目组合治理的风险管理控制措施和目标

控制 ID	控制目标
PF.GOV.1	在整个项目组合生命周期内,识别并积极管理与项目组合治理结构、政策和程序相关的风险。
PF.GOV.2	在整个项目组合中识别并积极管理与特定个人分配到项目组合中的关键治理角色有关的风险。
PF.GOV.3	作为项目组合治理的一部分进行的审计基于风险分析,以确保正确地关注重点并最大限度地减少对项目组合组件的影响。
PF.GOV.4	审计报告被用作项目组合和组件级别风险识别的输入。
PF.GOV.5	作为项目组合治理的一部分进行的审计由独立于项目组合和组件管理角色的合格人员根据商定的标准进行。
PF.GOV.6	在整个项目组合生命周期内,识别并积极管理项目组合治理结构、政策和程序与企业风险管理过程相结合的风险。

在识别与项目组合治理结构、政策和程序相关的风险时,应考虑以下因素(控制措施 PF.GOV.1):

- 对于项目组合治理结构:
    - 复杂性;
    - 责任的明确性;
    - 相互依赖关系的水平;
    - 与组织内的其他结构整合情况;
    - 关键相关方的代表性。

- 对于项目组合政策和决策过程：
  - 复杂性；
  - 透明度；
  - 关键相关方的参与度；
  - 公正性；
  - 决策时间；
  - 质量机制。

在识别与指派特定人员担任项目组合内治理角色相关的风险时,应考虑以下因素(控制措施 PF.GOV.2)：

- 能力；
- 权力水平；
- 在组织中的职位；
- 声誉；
- 可用性；
- 共同和冲突的利益。

在作为组合治理的一部分为审计进行规划并配置人员时,应考虑以下因素(控制措施 PF.GOG.5)：

- 审计实体的能力；
- 相关方接受审计结果的意愿；
- 审计结果对项目组合和项目组合组件过程的适用性；
- 审计结果对企业风险管理过程的适用性。

在识别与项目组合治理结构、政策和企业风险管理流程之间的接口相关的风险时,应考虑以下因素(控制措施 PF.GOV.6)：

- 企业风险管理所定义的治理过程；
- 企业风险管理对具体项目组合过程和行动的适用性；
- 项目组合治理和管理过程与高级管理层和企业风险管理之间的联系。

X3.4 项目组合能力管理的风险管理控制措施

表 X3-3 介绍了项目组合能力管理的风险管理控制措施和目标。

表 X3-3.项目组合能力管理的风险管理控制措施和目标

控制 ID	控制目标
PF.CAP.1	在整个项目组合生命周期内,识别并积极管理与项目组合对组织及其合作伙伴的其他活动影响相关的风险。
PF.CAP.2	在整个项目组合生命周期内,识别并积极管理会影响项目组合的组织及其合作伙伴其他活动相关的风险。
PF.CAP.3	在整个项目组合生命周期内,识别并积极管理与关键人力资本的可用性和绩效相关的风险。
PF.CAP.4	在整个项目组合生命周期内,识别并积极管理与关键财务资本的可用性和稳定性相关的风险。
PF.CAP.5	在整个项目组合生命周期内,识别并积极管理与关键资产的可用性和适用性相关的风险。
PF.CAP.6	在整个项目组合生命周期内,识别并积极管理与关键知识资本的可用性和开发相关的风险。
PF.CAP.7	定期识别、监督并(在需要时)增加或减少在项目组合及其组件级别管理风险所需的能力,以保持最佳水平。
PF.CAP.8	在整个项目组合生命周期内,识别并积极管理与组织及其合作伙伴的文化相关的风险。
PF.CAP.9	在整个项目组合生命周期内,识别并积极管理与组织及其合作伙伴的结构相关的风险。
PF.CAP.10	在整个项目组合生命周期内,识别并积极管理与组织内关键流程相关的风险。
PF.CAP.11	在整个项目组合生命周期内,每当合作伙伴或供应商在提供项目组合能力方面发挥重要作用时,都会识别并积极管理与其参与情况有关的风险。
PF.CAP.12	项目组合、项目集和项目绩效报告以及组织内的关键绩效指标(KPI)用于尽早识别风险并了解其对项目组合能力的潜在影响。
PF.CAP.13	在优化项目组合的能力时,识别、分析并处理与受影响项目集预期价值实现有关的风险以及因项目组合内某些项目产生的风险。

在识别对项目组合的组织及其合作伙伴的其他活动有影响的风险以及与组织及其合作伙伴会影响项目组合的其他活动有关的风险时，应考虑以下因素（控制措施 PF.CAP.1 和 PF.CAP.2）：

- 组织及其合作伙伴的战略计划；
- 组织及其合作伙伴的关键绩效指标 (KPI)；
- 组织和合作伙伴的资源的利用情况；
- 合作伙伴的项目组合中的组件可能会影响合作伙伴对组织组件实现的参与；
- 整个企业的治理情况；
- 项目组合之间的管理接口；
- 项目组合与高级管理层之间的管理接口；
- 应对跨组织结构的复杂性；
- 作为项目组合组件过程的一部分，应对与产品、服务或能力相关的复杂性；
- 运营与项目组合内外的项目和项目集行动的整合。

在识别与关键人力资本的可用性和绩效相关的风险时，应考虑以下因素（控制措施 PF.CAP.3）：

- **机会：**
    - 学习新技能；
    - 个人成长；
    - 晋升；
    - 继任者的发展情况。
- **威胁：**
    - 地理分布；
    - 文化差异；
    - 学习曲线，
    - 关键人才的不可用性；
    - 就业市场竞争情况。

在识别与财务资本的可用性和绩效相关的风险时,应考虑以下因素(控制措施 PF.CAP.4):

- 汇率变化;
- 特定时刻现金的可用性;
- 提供财务资本的关键相关方决策的时间和结果;
- 提供财务资本的关键相关方的财务状况;
- 提供财务资本的关键相关方的信用能力不断变化。

在识别与关键资产的可用性和适合使用性相关的风险时,应考虑以下因素(控制措施 PF.CAP.5):

- 其他用户及其任务的优先级;
- 与其他用户共享的程序;
- 可用性;
- 适合使用性;
- 学习曲线。

在识别与关键人力资本的可用性和发展情况相关的风险时,应考虑以下因素(控制措施 PF.CAP.6):

- 可带来竞争优势的独特知识资本的开发情况;
- 知识资本(如专利、信息安全)的保护情况;
- 利用知识资本获得额外利益(例如销售许可证)的情况。

在分析在项目组合及其组件层面管理风险所需能力时,应考虑以下类型的风险管理相关活动(控制措施 PF.CAP.7):

- 项目组合层面的风险识别、分析和监督;
- 针对从组件上报至项目组合层面的风险的应对措施;
- 针对项目组合层面识别的风险的应对措施;
- 针对项目组合及其组件可能发生的未知事件的应对措施。

在识别与组织及其合作伙伴的文化相关的风险时,应考虑以下因素(控制措施 PF.CAP.8):

- 决策文化;
- 工作方式;
- 合作风格;
- 报告文化和权力距离。

在识别与组织及其合作伙伴的结构相关的风险时,应考虑以下因素(控制措施 PF.CAP.9):

- 关键项目组合治理和管理角色在组织结构中的位置;
- 关键决策角色的清晰性;
- 项目组合角色与组织内其他角色之间的冲突和共同目标;
- 关键资源责任的明确性;
- 项目组合与运营部门和角色之间的整合。

在识别与组织中关键过程相关的风险时,应考虑以下因素(控制措施 PF.CAP.10):

- 战略规划和决策;
- 运营的高层级规划;
- 资源分配;
- 采购;
- 人力资源管理。

在识别与合作伙伴和供应商参与相关的风险时,应考虑以下因素(控制措施 PF.CAP.11):

- ◆ 其发展的战略方向;
- ◆ 提供竞争优势的能力;
- ◆ 人才和知识产权的可获得性;
- ◆ 稳定性;
- ◆ 扩展能力;
- ◆ 共同和冲突的目标;
- ◆ 合作潜力以及与组织内部结构的冲突;
- ◆ 替代供应商或产品/服务。

在分析项目组合、项目集和项目绩效报告时,应从风险角度考虑以下指标以及组织的关键绩效指标(KPI)(控制措施 PF.CAP.12):

- ◆ 资源利用率;
- ◆ 交付速度;
- ◆ 成本和进度绩效;
- ◆ 周转率;
- ◆ 资源和服务交付周期;
- ◆ 开放销售线索的数量;
- ◆ 线索转化率。

在识别、分析和应对与为实现价值而优化项目组合能力相关的风险时,应考虑以下因素(控制措施 PF.CAP.13):

- ◆ 平衡组合项目、项目集和运营行动;
- ◆ 平衡相关机会和威胁;
- ◆ 项目集收益或项目可交付成果与支持向企业交付价值的项目组合战略目标之间的关系。

X3.5 项目组合相关方参与的风险管理控制措施

表 X3-4 中介绍了项目组合相关方参与的风险管理控制措施和目标。

表 X3-4.项目组合相关方参与的风险管理控制措施和目标

控制 ID	控制目标
PF.STK.1	在整个项目组合生命周期内,识别并积极管理与关键项目组合相关方相关的风险。
PF.STK.2	从风险的角度评估在项目组合、项目集或项目级别让某些相关方参与进来的决策。
PF.STK.3	定期评估关键项目组合相关方的风险偏好、态度和临界值。只要所列的个人因素与相应的组织因素之间存在差异,就会识别和积极管理相关风险。
PF.STK.4	识别风险时,会考虑关键项目组合相关方之间的潜在互动和利益冲突。
PF.STK.5	规划项目组合相关方参与时,识别并解决与所选的分析、分类和分组方法相关的风险。
PF.STK.6	在整个项目组合生命周期内,识别并积极管理与所选沟通技术和相关沟通基础设施相关的风险。
PF.STK.7	在整个项目组合生命周期内,识别并积极管理与项目组合级别的沟通范围、频率和方式相关的风险。

在识别与关键项目组合相关方相关的风险时,应考虑以下因素(控制措施 PF.STK.1):

- ◆ 风险偏好、态度和临界值;
- ◆ 与项目组合目标一致或冲突的利益;
- ◆ 个人观点和偏好;
- ◆ 责任领域和相关目标;
- ◆ 项目组合收益对相关方目标的影响;
- ◆ 决策权的水平;
- ◆ 影响其他相关方的能力;
- ◆ 相关方的文化、培训、教育和经验;
- ◆ 相关方偏见;
- ◆ 相关方之间的信任。

在识别与在项目组合、项目集或项目层面让某些相关方参与进来的决策相关的风险时，应考虑以下因素（控制措施 PF.STK.2）：

- ◆ 相关方影响项目组合能力的能力；
- ◆ 在项目组合或组件层面让特定相关方参与进来并对其进行管理的能力；
- ◆ 在项目组合层面与特定相关方打交道的机会和威胁；
- ◆ 在组件层面与特定相关方打交道的机会和威胁。

在识别与单个关键相关方与组织风险偏好、态度和临界值之间存在的差异相关的风险时，应考虑以下因素（控制措施 PF.ST.3）：

- ◆ 相关方和组织的利益和目标；
- ◆ 相关方和组织的主要顾虑；
- ◆ 相关方和组织的主要机会；
- ◆ 潜在相关方减轻项目组合带来的、他们无法接受的威胁的策略；
- ◆ 潜在相关方利用其与项目组合相关且项目组合组件未涉及的机会的策略。

在识别与关键项目组合相关方之间潜在互动和利益冲突相关的风险时，应考虑以下因素（控制措施 PF.STK.4）：

- ◆ 共同和冲突的目标；
- ◆ 现有和潜在的联盟；
- ◆ 个人冲突。

在识别与所选择的对相关方进行分析、分类和分组的方法相关的风险时,应考虑以下因素(控制措施 PF.STK.5):

- 与相关方有关的数据的准确性和最新性;
- 分析技术的准确性和完整性;
- 充分应对所有关键相关方的能力;
- 假设条件的影响;
- 偏见的影响。

在识别与所选沟通技术和相关沟通基础设施有关的风险时,应考虑以下因素(控制措施 PF.STK.6):

- 传输某些形式的信息(例如视觉、声音或文字信息)的能力;
- 噪音水平;
- 信息的可追踪性;
- 认证级别;
- 相关方对使用所需技术和相关技术的熟悉程度;
- 所需技术的可靠性和可用性;
- 相关方获得所需技术的机会;
- 相关方的文化和沟通偏好。

在识别与在项目组合层面沟通的范围、频率和形式相关的风险时,应考虑以下因素(控制措施 PF.STK.7):

- 相关方的文化和沟通偏好;
- 相关方的受培训情况、教育背景和经验;
- 相关方接收、分析和响应沟通的技术能力;
- 相关方的偏见;
- 管理和治理方法;
- 相关方之间的信任。

X3.6 项目组合价值管理的风险管理控制措施

表 X3-5 中介绍了项目组合价值管理的风险管理控制措施和目标。

表 X3-5.项目组合价值管理的风险管理控制措施和目标

控制 ID	控制目标
PF.VAL.1	在整个项目组合生命周期内,定期识别和积极管理增加价值交付的机会。
PF.VAL.2	定期分析事业环境因素的趋势和组织过程资产的变更,以识别可能影响价值交付的风险。
PF.VAL.3	定期从组织风险偏好和态度角度对项目组合进行重新评估和权衡,以确保具有正确的项目组合组件。
PF.VAL.4	从关键项目组合组件风险对交付预期价值影响的角度定期评估这些风险。
PF.VAL.5	从影响价值贡献的风险的角度评估组件性能优化的技术。
PF.VAL.6	从风险角度对预期价值谈判选择的技术和过程进行评估。

在识别与增加价值交付的机会、事业环境因素的趋势和组织过程资产变更相关的风险(控制措施 PF.VAL.1 和控制措施 PF.VAL.2)时,应考虑以下因素:

◆ 平衡项目组合及其组成要素中的威胁和机会;

◆ 市场需求;

◆ 市场份额;

◆ 相关产品类别的价格;

◆ 劳动力和材料的成本;

◆ 关键人才和材料的供应。

在从组织风险偏好和态度角度重新评估和平衡项目组合时,应考虑以下因素,以确保项目组合适当配置组件,从而最大限度地交付价值(控制措施 PF.VAL.3):

- 组件和项目组合的愿景、目的和目标保持一致;
- 在项目、项目集和项目组合层面使个人相关方与组织风险偏好和态度保持一致;
- 将运营风险整合到平衡方程中。

在从关键项目组合组件风险对交付预期价值的影响的角度评估这些风险时,应考虑以下因素(控制措施 PF.VAL.4):

- 组件范围是否适合实现价值;
- 赞助在整个组件生命周期内的连续性;
- 交付实现价值所需的关键组件可交付成果的能力;
- 在价值机会窗口的背景下在组件层面进行交付的时间安排;
- 在组件层面与商业论证相关的总成本。

从可能影响价值贡献的风险的角度评估用于部件绩效优化的技术时,应考虑以下因素(控制措施 PF.VAL.5):

- 对价值贡献的影响;
- 技术对所评估项目的适用性;
- 技术中所使用数据的适用性和及时性;
- 相关方对技术的接受情况。

在识别与为预期价值谈判所选技术和过程相关的风险时,应考虑以下因素(控制措施 PF.VAL.6):

- 关注正确的价值;
- 使战略风险偏好和态度匹配的能力;
- 将适当的相关方包含进来。

X3.7 项目组合风险管理的风险管理控制措施

表 X3-6 中介绍了项目组合风险管理的风险管理控制措施和目标。

表 X3-6.项目组合风险管理的风险管理控制措施和目标

控制 ID	控制目标
PF.RSK.1	制定项目组合风险管理框架和管理计划时,会识别、分析和考虑与选择项目组合中的特定风险管理方法相关的风险。
PF.RSK.2	项目组合层面的风险管理包括识别和管理一般项目组合风险和组件风险的累积影响。
PF.RSK.3	制定风险上报政策,以确保对项目组合和组件风险进行优化管理,并确保组件级别的风险具有正确的可见性。此政策反映在组件级别的管理计划中。
PF.RSK.4	有将组件风险活动与企业风险管理相结合的明确政策。

在识别与项目组合内特定风险管理方法的选择相关的风险时,应考虑以下因素(控制措施 PF.RSK.1):

◆ 与企业风险管理过程的一致性;

◆ 与组织的战略风险态度保持一致的能力;

◆ 应对预期的项目组合复杂性的能力;

◆ 符合组织文化;

◆ 风险透明度水平;

◆ 关键相关方遵循该方法的能力;

◆ 与项目组合风险承受能力的契合度;

◆ 在组件层面与风险管理方法整合的清晰度;

◆ 与项目组合环境的动态相比关键过程的速度。

应考虑以下因素,以确保对一般项目组合风险和组件风险的累积影响进行管理(控制措施 PF.RSK.2):

◆ 管理因单个组件风险的组合而可能发生的风险,以及

◆ 管理仅在项目组合层面出现且超出单个组件范围的风险,即使这些组件可能在其影响范围内。

对于项目组合层面的风险上报政策,应考虑以下因素(控制措施 PF.RSK.3):

◆ 潜在影响的程度;

◆ 项目组合组件之间的潜在相互依赖关系;

◆ 与处理特定类型风险的能力相关的风险类别;

◆ 特定项目组合相关方的授权级别。

在企业风险管理的范围内整合组件风险活动时,应考虑以下因素(控制措施 PF.RSK.4):

◆ 风险相关决策机构的设置情况;

◆ 相关方沟通渠道;

◆ 风险治理过程;

◆ 高级管理过程和程序。

附录 X4
项目集风险管理控制措施

X4.1 项目集风险管理控制措施的目的

项目集风险管理的目的是确保以最优方式实现项目集的预期收益。风险管理控制通过将风险实践无缝整合到项目集生命周期和所有绩效域中来帮助实现这一目的。这种方法可确保风险管理成为项目集管理的自然组成部分,并有助于项目集在收益交付方面取得成功。

特定项目集中特定控制措施的选择、裁剪、实施和监督是项目集治理活动的一部分。第 X4.2 节至第 X4.7 节介绍了项目集风险管理的风险管理控制措施以及一些控制措施需要考虑的因素的示例。

X4.2 项目集战略协调的风险管理控制措施

表 X4-1 介绍了项目集战略协调的风险管理控制措施。

表 X4-1.项目集战略协调的风险管理控制措施

控制 ID	控制目标
PG.STR.1	可能会对项目集商业论证产生重大影响的整体风险会在项目集商业论证中及早识别和应对。
PG.STR.2	与项目集风险管理方法相关的风险在整个项目集生命周期中得到识别和积极管理。
PG.STR.3	定期进行环境评估,以识别项目集级别的风险。特别关注那些可能影响项目集关键成功因素 (CSF) 的环境因素。

在识别与项目集商业论证相关的总体风险时,应考虑以下因素(控制措施 PG.STR.1):

- ◆ 市场趋势;
- ◆ 新兴技术;
- ◆ 作为项目集提供的产品或服务替代方案的新兴产品或服务;
- ◆ 潜在的监管变化;
- ◆ 关键成本要素(如劳动力、材料或核心服务)的趋势。

在识别与项目集风险管理方法相关的风险时,应考虑以下因素(控制措施 PG.STR.2):

- ◆ 能够与组织的战略风险偏好保持一致;
- ◆ 能够应对预期的项目集复杂性;
- ◆ 符合组织文化;
- ◆ 风险透明度水平;
- ◆ 关键相关方遵循此方法的能力;
- ◆ 符合组织的风险承受能力;
- ◆ 符合项目集中预期的风险类别和水平;
- ◆ 在组件层面与风险管理方法整合的清晰度;
- ◆ 在项目组合层面与风险管理方法整合的清晰度;
- ◆ 组织的决策周期,因为它与项目集环境的变化速度有关。

X4.3 项目集收益管理的风险管理控制措施

表 X4-2 介绍了项目集收益管理的风险管理控制措施。

表 X4-2.项目集收益管理的风险管理控制措施

控制 ID	控制目标
PG.BNF.1	在整个项目集生命周期内,定期识别并积极管理有助于实现项目集目标的新收益机会。
PG.BNF.2	在整个项目集生命周期内,定期识别并积极管理以更高效和/或更有成效的方式实现项目集收益的机会。
PG.BNF.3	可能影响实现项目集收益的威胁会在项目集关闭前定期识别并根据需要加以解决。
PG.BNF.4	可能影响项目集收益可持续性的威胁在项目集关闭前会定期识别并根据需要加以解决。

在识别可能影响项目集收益的实现和可持续性的风险时,应考虑以下因素(控制措施 PG.BNF.1、PG.BNF.2、PG.BNF.3 和 PG.BNF.4):

◆ 市场条件;

◆ 政治气候的变化;

◆ 组件完成后领导力的连续性;

◆ 开展运营所需资源或实现收益所需其他组件的可用性。

X4.4 项目集相关方参与的风险管理控制措施

表 X4-3 介绍了项目集相关方参与的风险管理控制措施。

表 X4-3.项目集相关方参与的风险管理控制措施

控制 ID	控制目标
PG.STK.1	在整个项目集生命周期内,定期识别并积极管理与关键项目集相关方相关的风险。
PG.STK.2	从风险的角度评估在项目集或组件层面让某些相关方参与进来的决策。
PG.STK.3	在整个项目集生命周期内,定期识别并积极管理关键项目相关方引起的造成范围蔓延的潜在风险。
PG.STK.4	定期评估关键项目集相关方的风险态度。只要相关方态度与预期的项目集风险水平之间存在差异,相关风险会被识别和积极管理。
PG.STK.5	在整个项目集生命周期内,定期识别并积极管理与关键项目集相关方之间的潜在互动、利益冲突和共同利益相关的风险。
PG.STK.6	规划项目集相关方参与时,识别并应对与为相关方分析所选分类方式和方法相关的风险。
PG.STK.7	在整个项目集生命周期内,识别并积极管理与所选沟通技术和相关沟通基础设施相关的风险。
PG.STK.8	在整个项目集生命周期内,识别并积极管理与项目集层面的沟通范围、频率和方式相关的风险。

在识别与关键项目集相关方相关的风险及其对项目集范围的潜在影响时,应考虑以下因素(控制措施 PG.STK.1 和 PG.STK.2):

◆ 与项目集目标一致或冲突的利益;

◆ 个人观点和偏好;

◆ 责任领域和相关的项目集目标;

◆ 项目集收益对相关方目标的影响;

- ◆ 决策权的类型和级别;
- ◆ 影响其他相关方的能力。

从风险角度评估在项目集或组件层面让某些相关方参与进来的决策时,应考虑以下因素(控制措施 PG.STK.3):

- ◆ 相关方影响项目交付收益的能力;
- ◆ 在项目集或组件层面与特定相关方互动的能力;
- ◆ 在项目集层面与特定相关方打交道的机会和威胁;
- ◆ 在组件层面与特定相关方打交道的机会和威胁。

在识别和处理相关方的风险态度与预期项目集风险水平之间的差异时,应考虑以下因素(控制措施 PG.STB.4):

- ◆ 组织和相关方的风险态度;
- ◆ 组织和项目集相关方的业务模式;
- ◆ 对组织和相关方业务的潜在收益和威胁;
- ◆ 项目集内部和外部的治理过程。

在识别与潜在互动、利益冲突和主要项目集相关方共同利益相关的风险时,应考虑以下因素(控制措施 PG.STC.5):

- ◆ 共同和冲突的目标;
- ◆ 现有或潜在的联盟;
- ◆ 个人冲突;
- ◆ 组织治理过程。

在识别与所选沟通技术和相关沟通基础设施有关的风险时,应考虑以下因素(控制措施 PG.STK.7):

- ◆ 传输某些形式的信息(例如视觉、声音或文字信息)的能力;
- ◆ 噪音水平;
- ◆ 信息的可追踪性;
- ◆ 认证级别;

- ◆ 相关方对使用所需技术和相关技术的熟悉程度；
- ◆ 所需技术的可靠性和可用性；
- ◆ 相关方获得所需技术的机会；
- ◆ 组织治理过程。

X4.5 项目集治理的风险管理控制措施

表 X4-4 介绍了项目集治理的风险管理控制措施。

表 X4-4.项目集治理的风险管理控制措施

控制 ID	控制目标
PG.GOV.1	定期识别与项目集治理结构、政策和程序相关的风险,在项目集的治理和管理文件中反映这些风险,并在整个项目集生命周期内积极管理这些风险。
PG.GOV.2	定期识别项目集的复杂性导致的风险,在项目集的治理和管理文件中反映这些风险,并在整个项目集生命周期内积极管理这些风险。
PG.GOV.3	所有项目集组件都有有效的风险管理,而且其有效性将受到定期监督。
PG.GOV.4	制定了明确的风险上报政策,以确保对项目集和组件风险进行优化管理。这些政策反映在组件级别的管理计划中。

在识别与项目集治理结构、政策和程序相关的风险时,应考虑以下因素(控制措施 PG.GOV.1):

- ◆ 对于项目集治理结构:
  - ■ 整体治理结构的复杂性,包括监督委员会的数量；
  - ■ 责任的明确性；
  - ■ 相互依赖关系的水平；
  - ■ 与组织内的其他结构整合情况；
  - ■ 关键相关方的代表性。

- ◆ 对于项目集政策和决策过程：
  - 制定最终决策的过程的复杂性；
  - 透明度；
  - 关键相关方的参与度；
  - 公正性；
  - 决策时间；
  - 信息管理系统；
  - 质量机制。

在识别因项目集复杂性产生的风险时，应考虑以下因素（控制措施 PG.GOV.2）：

- ◆ 治理和决策；
- ◆ 相关方及其利益的数量和多样性；
- ◆ 地理分布；
- ◆ 收益的数量和性质以及对收益界定的一致性程度；
- ◆ 相互依赖关系的数量、性质和动态；
- ◆ 资源的数量、分配情况和动态；
- ◆ 可交付成果的数量和性质；
- ◆ 关键过程的复杂度和动态；
- ◆ 影响项目集的外部因素的数量、性质和动态。

风险上报政策（控制措施 PG.GOG.4）通常基于：

- ◆ 潜在影响的程度；
- ◆ 项目集组件之间的潜在相互依赖关系；
- ◆ 与处理特定类型风险的能力相关的风险类别；
- ◆ 特定项目集相关方的授权级别。

X4.6 项目集生命周期管理的风险管理控制措施

表 X4-5 介绍了项目集生命周期管理的风险管理控制措施。

表 X4-5.项目集生命周期管理的风险管理控制措施

控制 ID	控制目标
PG.LFC.1	项目集定义阶段包括项目集层面的风险识别、分析和应对规划。此阶段识别的所有重大风险均由项目集治理和管理文件解决,是与制定项目集及其目标和范围相关的决策不可缺少的组成部分。
PG.LFC.2	组件授权和规划活动包括风险识别、分析和应对计划。主要组件的风险在尽可能早的阶段得到解决。
PG.LFC.3	组件监督和集成活动包括定期风险识别、分析、应对计划和监督。这些组件可能导致的项目集风险将尽早识别和解决。
PG.LFC.4	组件过渡风险将在尽可能早的阶段得到解决,最好在组件关闭之前解决。

在设计涵盖各个级别的项目集生命周期的风险管理政策、过程和结构时,应考虑以下因素(控制措施 PG.LFC.1、PG.LFC.2、PG.LFC.3 和 PG.LFC.4):

◆ 因已决定的项目集生命周期本身所产生的风险;

◆ 项目集内可能出现的风险的性质以及在各项目集级别处理这些风险的能力;

◆ 项目集复杂性以及通过在最有效的层面上处理风险来降低项目集复杂性的能力;

◆ 项目集和组件管理在处理风险方面的潜在有效性;

◆ 存在未知的不确定因素的可能性;

◆ 发生残余风险和次生风险的可能性;

◆ 影响大、概率极低(黑天鹅)的事件的影响。

X4.7 支持性项目集活动的风险管理控制措施

表 X4-6 介绍了支持性项目集活动的风险管理控制措施。

表 X4-6.支持性项目集活动的风险管理控制

控制 ID	控制目标
PG.SUP.1	在所有支持性的项目集活动中都有处置风险的清晰政策。作为这些政策的一部分,支持性活动的每个方面都建立了相关的管理控制措施。
PG.SUP.2	在组件级别与项目集级别处理与支持性活动相关的风险方面有清晰政策,包括风险上报的有效规则。
PG.SUP.3	在整合项目集风险活动与企业风险管理方面有清晰政策。
PG.SUP.4	有将项目集风险活动与运营风险整合起来的清晰政策。

在处理所有支持性项目集活动中的风险时,无论是在项目集或组件层面还是在企业风险管理过程中(控制措施 PG.SUP.1、PG.SUP.2 和 PG.SUP.3),都应考虑以下因素。

必须在所有支持性项目集活动中制定有效的风险管理政策。应特别注意有关在项目集及其组件之间处理风险的规则,包括上报机制。这可确保风险管理实践不会发现组件和项目集级别之间存在任何区域。

支持性项目集活动包括:

◆ 项目集变更管理;

◆ 项目集沟通管理;

◆ 项目集财务管理;

◆ 项目集信息管理;

◆ 项目集采购管理;

◆ 项目集质量管理;

◆ 项目集资源管理;

- ◆ 项目集风险管理；
- ◆ 项目集进度管理；
- ◆ 项目集范围管理。

尽管在项目集层面对这些活动的管理方式往往与在组件层面对这些活动的管理方式有很大不同，但支持性项目集活动的风险管理控制措施在性质上与项目相应知识领域内的风险管理控制措施相似（见附录X5）。

虽然运营通常不属于项目集管理的一部分，但与运营有关的风险作为项目集风险管理的一部分加以应对。将运营与作为项目集组件的项目整合是收益实现方程式的重要组成部分，这种整合在处理组件工作和运营任务重叠的某些敏捷实践时至关重要。在复杂的开发和运营环境中尤其如此。

在管理与运营相关的风险时应考虑以下因素（控制措施PG.SUP.4）：

- ◆ 项目集对组织内运营和价值创造的相互影响；
- ◆ 将项目工作与运营环境相整合；
- ◆ 项目团队相对于运营经理的决策权；
- ◆ 项目集经理相对于运营经理的决策权。

附录 X5
项目风险管理控制措施

X5.1 项目风险管理控制措施的目的

项目风险管理的目的是确保以最佳方式交付项目所产生的独特产品、服务或结果。风险管理控制通过将风险实践无缝整合到项目集生命周期和所有知识领域中来帮助实现最佳交付。这种方法可确保风险管理成为项目管理的自然组成部分。

特定项目中特定控制措施的选择、定制、实施和监督是治理活动的一部分。在所有使用风险一词的情形中,应视情况考虑残余风险和次生风险。第 X5.2 节至第 X5.11 节介绍了项目风险管理的控制措施以及一些控制措施需要考虑的因素示例。

X5.2 项目整合管理的风险管理控制措施

表 X5-1 介绍了项目整合管理的风险管理控制措施。

表 X5-1.项目整合管理的风险管理控制措施

控制 ID	控制目标
PR.INT.1	在启动项目时识别整体项目风险,并在设定项目目标和范围时考虑这些风险。这通常发生在商业论证分析过程中,包括对事业环境因素以及与之相关的趋势的分析。还会考虑从过去和当前项目中吸取的经验教训。
PR.INT.2	对规划过程的组织进行分析,以识别项目管理规划不一致或不完整和/或基准不准确或不完整所导致的潜在风险。
PR.INT.3	在所有项目层面上定期识别持续改进交付项目可交付成果的机会。
PR.INT.4	在就变更请求做出决策时,会考虑与实施或拒绝变更相关的风险。
PR.INT.5	在就变更请求做出决策时,会考虑与同时实施某些变更或单独实施这些变更相关的风险。
PR.INT.6	每当变更请求的批准或拒绝给项目带来新风险时,这些风险都将按照针对项目风险管理商定的过程进行处理。
PR.INT.7	在结束项目之前,将重新评估与实现商业论证的能力相关的风险,并确保在项这些风险。

在识别与规划组织流程和持续改进项目可交付成果机会及相关风险时,应考虑以下因素(控制措施 PR.INT.2 和 PR.INT.3):

◆ 将持续过程改进工作作为综合质量计划的一部分;

◆ 相关方的反应;

◆ 团队成员的经验水平;

◆ 项目团队的成熟度;

◆ 项目生命周期方法(即预测、迭代、增量或敏捷);

◆ 应对项目复杂性的能力。

在识别与实施或拒绝变更相关的风险时,应考虑以下因素(控制措施 PR.INT.4):

- 相关方的反应;
- 对进一步可交付成果审批的影响;
- 对其他工作的影响;
- 非预期额外成本或降低成本的可能性;
- 合同后果;
- 监管后果。

在识别与同时实施系列变更或分别实施这些变更相关的风险时,应考虑以下因素(控制措施 PR.INT.5):

- 变更之间的相互作用;
- 对项目复杂性的影响;
- 资源的可用性和能力;
- 同时管理多个变更的能力。

X5.3 项目范围管理的风险管理控制措施

表 X5-2 介绍了项目范围管理的风险管理控制措施。

表 X5-2.项目范围管理的风险管理控制措施

控制 ID	控制目标
PR.SCP.1	规划项目范围管理时,会考虑与项目生命周期相关的风险。
PR.SCP.2	规划项目范围管理和制定范围基准时,会考虑环境因素导致的风险。
PR.SCP.3	规划需求管理时,会考虑收集、记录和更新需求所用的方式和方法有关的风险。
PR.SCP.4	规划项目范围管理时,会考虑与为产品和项目范围定义、分解、确认和控制所选方法和方法有关的风险。
PR.SCP.5	定期分析范围控制活动的工作绩效信息,以识别潜在的新风险并查明以前所识别风险的具体存在情况。

在识别与项目生命周期相关的风险时,应考虑以下因素(控制措施 PR.SCP.1):

- ◆ 对于预测型生命周期:
    - 指定范围的专业知识水平;
    - 范围的可预测性;
    - 预测未来需求的能力;
    - 预测或控制事业环境因素的能力;
    - 对项目执行期间可能出现的新机会作出反应能力的影响;
    - 规划包和"滚动式"规划的使用情况。
- ◆ 对于迭代型和增量型生命周期:
    - 相关方对于在有限范围内开展工作的意愿;
    - 是否有决策者定期做出范围决策;
    - 从以前的迭代中获得结果和经验教训并及时做出反应的能力;
    - 相关方对于接收部分成果的意愿;
    - 将范围分解为可在约定周期内执行的工作包的能力;
    - 对项目执行期间可能出现的新机会作出反应能力的影响。
- ◆ 对于适应型生命周期,除了对于迭代型和增量型生命周期应考虑的因素外,还应考虑以下因素:
    - 积极管理持续范围定义的能力;
    - 对接受项目推进过程中频繁重大变更的意愿;
    - 在以渐进方式制定的范围内处理相互依赖关系的能力。

在识别因环境因素导致的风险时,应考虑以下因素(控制措施 PR.SCP.2):

- ◆ 不断变化的市场条件;
- ◆ 不断变化的政治气候;
- ◆ 不断变化的监管要求。

在识别与用于收集、记录和更新需求的方式和方法相关风险时,应考虑以下因素(控制措施 PR.SCP.3):

- ◆ 特定相关方的参与程度;
- ◆ 是否有相关方进行合作及其合作意愿;
- ◆ 相关方在这一领域的经验;

- ◆ 相关方预测未来需求的能力；
- ◆ 相关方表达需求的能力；
- ◆ 需求收集过程对相关方期望的影响；
- ◆ 认知偏见；
- ◆ 所选文档形式的局限；
- ◆ 有关相关方在需求记录后确认需求的能力；
- ◆ 规划和执行项目工作的人员了解需求的能力；
- ◆ 高层级用户或运营需求与低层级设计或工程需求之间的根本区别。

在识别为产品和项目范围定义、分解、确认和控制所选方式和方法相关的风险时,应考虑以下因素(控制措施 PR.SCP.4)：

- ◆ 范围分解方法对完成以下工作的能力的影响：
    - ■ 授权工作；
    - ■ 汇总工作；
    - ■ 合作；
    - ■ 资源使用的优化；
    - ■ 监督项目的其他方面(例如时间和费用)。
- ◆ 文档编制方法对完成以下工作能力的影响：
    - ■ 应对变更；
    - ■ 以准确而清楚的方式描述产品和工作；
    - ■ 向相关方分发最新的范围文件；
- ◆ 执行项目工作的人员了解范围的能力；
- ◆ 客观而清楚地监督进展情况的能力；
- ◆ 防止范围蔓延和"镀金"的能力。

在识别源自范围控制活动的工作绩效信息相关的风险时,应考虑以下因素(控制措施 PR.SCP.5)：

- ◆ 对报告进行定制,以及
- ◆ 信息和数据的交付渠道。

X5.4 项目进度管理的风险管理控制措施

表 X5-3 介绍了项目进度管理的风险管理控制措施。

表 X5-3.项目进度管理的风险管理控制措施

控制 ID	控制目标
PR.SCH.1	规划项目进度管理时,会考虑与项目生命周期相关的风险。
PR.SCH.2	规划项目进度管理和制定项目进度基准时,会考虑环境因素导致的风险。
PR.SCH.3	规划项目进度管理时,会考虑与为估算活动持续时间所选方式和方法相关的风险。
PR.SCH.4	规划项目进度管理时,会考虑与为排列活动顺序所选方式和方法有关的风险。
PR.SCH.5	规划项目进度管理时,会考虑进度计划制定和控制方式和方法有关的风险。
PR.SCH.6	定期分析进度计划控制活动的工作绩效信息,以识别潜在的新风险并查明以前所识别风险的具体存在情况。

在识别与项目生命周期相关的风险时,应考虑以下因素(控制措施 PR.SCH.1):

◆ 对于预测型生命周期:
- 范围的可预测性;
- 估算未来活动的持续时间和资源需求的能力;
- 预测资源可用性和性能的能力;
- 预测和控制事业环境因素的能力;
- 规划包和"滚动式"规划的使用情况。

- 对于迭代型和增量型生命周期：
  - 相关方对于按照一般里程碑进度计划开展工作的意愿；
  - 是否有决策者定期按时做出决定；
  - 在约定的生命周期持续时间内交付有意义增量的能力；
  - 从以前的迭代中获得结果和经验教训并及时做出反应的能力；
  - 关键相关方（包括供应商）保持可持续发展的能力；
  - 处理由于其性质而需要比约定的周期更长任务的能力。
- 对于适应型生命周期，除了对于迭代型和增量型生命周期应考虑的因素外，还应考虑以下因素：
  - 相关方对于在不断变化的环境中开展工作的能力，以及
  - 在以渐进方式制定的进度计划内处理相互依赖关系的能力。

在识别因环境因素导致的风险时，应考虑以下因素（控制措施 PR.SCH.2）：

- 自然环境条件；
- 关键资源的可用性；
- 外部决策的及时性；
- 与项目集或项目组合的其他组件冲突；
- 与外部事件冲突。

在识别为活动持续时间估算所选方式和方法相关的风险时，应考虑以下因素（控制措施 PR.SCH.3）：

- 专家甄选和能力水平；
- 数据源的可用性和可信度；
- 对所选估算工具和技术的熟悉程度；
- 估算模型的充分性；
- 以类似方式估算持续时间的历史准确性；
- 估算方法。

在识别为排列活动顺序所选方式和方法相关的风险时,应考虑以下因素(控制措施 PR.SCH.4):

- ◆ 相互依赖关系的水平;
- ◆ 相关方风险偏好及态度水平;
- ◆ 发生变更的可能性;
- ◆ 潜在延误和加快交付的影响;
- ◆ 资源制约因素的影响;
- ◆ 工作待办事项列表不断增加的影响;
- ◆ 在建工程的影响。

在识别进度计划开发和控制的方式和方法相关的风险时,应考虑以下因素(控制措施 PR.SCH.5):

- ◆ 能够涵盖特定项目中进度计划的相关方面,例如:
    - 及时规划;
    - 管理相互依赖关系;
    - 管理资源分配;
    - 管理物流;
    - 处理储备。
- ◆ 熟悉所使用的工具,具体测量标准如下:
    - 应对项目复杂性的能力;
    - 使用工具优化进度计划的能力;
    - 将规划工作与其他关键相关方整合起来的能力;
    - 及时为关键相关方提供相关绩效数据的能力;
    - 直观地显示进度计划和进展情况的能力。

X5.5 项目成本管理的风险管理控制措施

表 X5-4 介绍了项目成本管理的风险管理控制措施。

表 X5-4.项目成本管理的风险管理控制措施

控制 ID	控制目标
PR.CST.1	规划项目成本管理时,会考虑与项目生命周期相关的风险。
PR.CST.2	规划项目成本管理和制定成本基准时,会考虑环境因素导致的风险。
PR.CST.3	规划项目成本管理时,会考虑与为成本估算所选方式和方法相关的风险。
PR.CST.4	在规划项目成本管理时,会考虑与为制定预算和成本控制所选择的方式和方法有关的风险。
PR.CST.5	定期分析成本控制活动的工作绩效信息,以识别潜在的新风险并查明以前所识别风险的具体存在情况。

在识别与项目生命周期相关的风险时,应考虑以下因素(控制措施 PR.CST.1):

◆ 对于预测型生命周期:
- 范围的可预测性;
- 估算未来活动的持续时间和资源需求的能力;
- 相关方对于在不会立即获得收益的情况下提供资金的意愿;
- 预测和控制事业环境因素的能力;
- 规划包和"滚动式"规划的使用情况。

◆ 对于迭代型和增量型生命周期:
- 相关方对于在增量开发过程中为部分满足客户或用户需求提供资金的意愿;
- 是否有决策者定期按时做出决定;
- 特定迭代或增量中所需资金水平不均衡;
- 从以前的迭代或增量中获得结果和经验教训并及时做出反应的能力。

- 对于适应型生命周期，除了对于迭代型和增量型生命周期应考虑的因素外，还应考虑以下因素：
    - 相关方对于在不断变化的环境中提供资金的意愿，以及
    - 在以渐进方式制定的预算内应对意外开支的能力。

在识别因环境因素导致的风险时，应考虑以下因素（控制措施 PR.CST.2）：

- 合作伙伴和供应商的融资需求；
- 市场条件；
- 材料和资源成本；
- 货币汇率；
- 相关方提供融资的能力；
- 融资组织的政策；
- 合同条款。

在识别为成本估算所选方式和方法相关的风险时，应考虑以下因素（控制措施 PR.CST.3）：

- 专家甄选和能力水平；
- 数据源的可用性和可信度；
- 对所选估算工具和技术的熟悉程度；
- 估算模型的充分性；
- 以类似方式估算成本的历史准确性。

在识别为确定预算和成本控制所选方式和方法相关的风险时，应考虑以下因素（控制措施 PR.CST.4）：

- 能够涵盖特定项目中财务管理的相关方面，例如：
    - 为特定工作包或规划包制定规划、监督以及分配成本；
    - 及时规划、监督和分配费用；
    - 规划、监督和分配现金流；
    - 处理结算事宜；
    - 处理多币种业务；
    - 处理储备。

- 使成本与范围和进度绩效相匹配的能力；
- 对所用工具的熟悉程度；
- 应对项目复杂性的能力；
- 使用工具优化预算的能力；
- 将规划工作与其他关键相关方整合起来的能力；
- 及时为关键相关方提供相关绩效数据的能力；
- 直观地显示预算及其在关键领域的状况的能力。

X5.6 项目质量管理的风险管理控制措施

表 X5-5 介绍了项目质量管理的风险管理控制措施。

表 X5-5.项目质量管理的风险管理控制措施

控制 ID	控制目标
PR.QLT.1	规划项目质量管理时，会考虑与项目生命周期相关的风险。
PR.QLT.2	规划项目质量管理时，会考虑环境因素导致的风险。
PR.QLT.3	规划项目质量管理时，会考虑质量管理的方式和方法所带来的相关风险。
PR.QLT.4	在规划项目质量管理时，会考虑质量控制方式和方法所带来的相关风险。
PR.QLT.5	在整个项目组合生命周期内，识别并积极管理实现持续过程改进的机会，包括实施该领域可访问且有效的决策过程。
PR.QLT.6	定期分析质量控制活动的工作绩效信息，以识别潜在的新风险并查明以前所识别风险的具体存在情况。

在识别与项目生命周期相关的风险时,应考虑以下因素(控制措施 PR.QLT.1):

- 对于预测型生命周期:
    - 范围的可预测性;
    - 确定相关方的质量要求的能力;
    - 决策者做出与质量相关的决策以支持项目变更管理系统的能力;
    - 在约定的质量测量指标内交付的能力;
    - 确定或预测有关质量监管要求的能力;
    - 规划包和"滚动式"规划的使用情况。
- 对于迭代型、增量型和适应型生命周期:
    - 在使范围保持有限可预测性的同时定义质量要求的能力;
    - 是否有决策者定期按时做出与质量相关的决定;
    - 在约定的质量测量指标和交付周期内交付的能力;
    - 及时确定关于不断变化的可交付物的质量的监管要求的能力;
    - 确保在交付物交付使用时有关结果的监管要求得到满足的能力;
    - 从以前的迭代或增量中获得结果和经验教训并及时做出反应的能力。

在识别因环境因素导致的风险时,应考虑以下因素(控制措施 PR.QLT.2):

- 法规、规范和标准的潜在变化;
- 可能影响质量的自然环境条件(适合使用性);
- 第三方交付质量和适应潜在变化的能力;
- 是否有独立第三方来控制质量。

在识别为管理质量所选方式和方法相关的风险时,应考虑以下因素(控制措施 PR.QLT.3):

◆ 在预防(保证)、检测(控制)和纠正措施之间分配精力;

◆ 相关方参与质量工作的程度;

◆ 用于推动质量工作的激励或动员手段;

◆ 针对数据驱动质量管理中数据的可用性和正确性;

◆ 质量可视化工具和技术的可用性。

在识别与为管理质量所选方式和方法相关的风险时,应考虑以下因素(控制措施 PR.QLT.4):

◆ 选择和测量关键质量测量指标的能力;

◆ 测量精度;

◆ 抽样的有效性;

◆ 观察质量指标中趋势的能力;

◆ 根本原因识别方法的存在性和有效性。

应使用以下技术来确定过程改进的机会(控制措施 PR.QLT.5):

◆ "计划-实施-检查-行动"(PDCA) 周期;

◆ 质量研讨小组;

◆ 定期项目回顾会议;

◆ 经验教训;

◆ 精益管理;

◆ 约束理论。

X5.7 项目资源管理的风险管理控制措施

表 X5-6 介绍了项目资源管理的风险管理控制措施。

表 X5-6.项目资源管理的风险管理控制措施

控制 ID	控制目标
PR.RES.1	规划项目资源管理时,会考虑与项目生命周期相关的 风险。
PR.RES.2	规划项目资源管理和资源需求时,会考虑环境因素导致的风险。
PR.RES.3	规划项目资源管理和资源需求时,会考虑资源估算方式和方法导致的风险。
PR.RES.4	规划项目资源管理和资源需求时,会考虑资源获取方式和方法导致的风险。
PR.RES.5	规划项目资源管理和资源需求时,会考虑团队建设和管理的方式和方法导致的风险,这些风险会在整个项目生命周期内进行管理。
PR.RES.6	定期分析资源控制活动的工作绩效信息,以识别潜在的新风险并查明以前所识别风险的具体存在情况。

在识别与项目生命周期相关的风险时,应考虑以下因素(控制措施 PR.RES.1):

◆ 对于预测型生命周期:

- 范围的可预测性;
- 预测资源需求的能力;
- 预测资源可用性的能力;
- 预测资源性能的能力;
- 根据潜在变更改变资源性能的能力;
- 规划包和"滚动式"规划的使用情况。

- 对于迭代型、增量型和适应型生命周期：
    - 相关方对于让资源灵活参与进来的意愿；
    - 是否有决策者定期做出资源决策；
    - 项目团队对于在不断变化的环境中开展工作的准备就绪度；
    - 项目团队保持可持续的速度的能力。

在识别因环境因素导致的风险时，应考虑以下因素（控制措施 PR.RES.2）：

- 所需资源的一般可用性；
- 历史资源的可用性周期；
- 可能影响资源可用性的其他举措；
- 人才、材料和设备等关键资源的市场条件；
- 对关键资源的竞争。

在识别与为资源估算所选方式和方法相关的风险时，应考虑以下因素（控制措施 PR.RES.3）：

- 专家甄选和能力水平；
- 数据源的可用性和可信度；
- 对所选估算工具和技术的熟悉程度；
- 估算模型的充分性；
- 以类似方式估算的持续时间的历史准确性。

在识别与为资源获取所选方式和方法相关的风险时，应考虑以下因素（控制措施 PR.RES.4）：

- 在特定条件下获取技术的有效性；
- 项目获取工作对资源成本的影响；
- 核实关键资源特征的能力；
- 获取沟通背景下的项目信息安全；
- 在合同条件的背景下维持知识和知识产权的能力；
- 获取的提前期。

在识别与为团队建设所选方式和方法相关的风险时,应考虑以下因素(控制措施 PR.RES.5):

- 团队成员之间彼此了解的程度;
- 团队中的现有关系;
- 团队成员的心理特征;
- 项目经理和组织相关方的管理风格;
- 公司环境和组织过程资产;
- 团队成员的自然动力;
- 组织中的动员系统;
- 可用于团队建设的时间和资源;
- 团队的地理分布;
- 团队将共处的时间量;
- 可用的沟通技术;
- 有效处理冲突的能力;
- 文化差异。

X5.8 项目沟通管理的风险管理控制措施

表 X5-7 介绍了项目沟通管理的风险管理控制措施。

表 X5-7.项目沟通管理的风险管理控制措施

控制 ID	控制目标
PR.COM.1	在规划项目沟通管理时,会考虑与项目生命周期相关的风险。
PR.COM.2	在规划项目沟通管理时,会考虑环境因素引起的风险。
PR.COM.3	在规划项目沟通管理时,会考虑因某些相关方交付或保留的某些信息或数据而产生的风险。
PR.COM.4	在规划项目沟通管理时,会考虑与沟通管理和监督的方式和方法造成的风险。
PR.COM.5	定期分析沟通监督活动的工作绩效数据,以识别潜在的新风险并查明以前所识别风险的具体存在情况。

在识别与项目生命周期相关的风险时,应考虑以下因素(控制措施 PR.COM.1):

◆ 对于预测型生命周期:
- 预测相关方沟通需求的能力;
- 应对意外事件和变更的能力;
- 相关方对于按约定接收和响应相关沟通信息的准备就绪度。

◆ 对于迭代型、增量型和适应型生命周期:
- 使沟通持续适应不断变化的项目环境的能力,以及
- 相关方对于根据交付周期的动态定期接收和响应相关沟通信息的准备就绪度。

在识别因环境因素导致的风险时,应考虑以下因素(控制措施 PR.COM.2):

- 其他关键相关方的沟通信息,包括:
    - 竞争情况;
    - 政府;
    - 非政府组织;
    - 地方社区领导。
- 背景信息和噪音,以及
- 媒体的影响。

在识别向某些相关方提供某些信息或数据,或某些相关方保留某些信息或数据的潜在影响而导致的风险时,应考虑以下因素(控制措施 PR.COM.3):

- 从相关方的角度所提供信息或数据的重要性;
- 让相关方以期望的方式参与进来所需信息或数据的范围;
- 从项目的角度交付特定信息或数据的重要性;
- 所保留信息或数据以及立即交付信息的后果;
- 隐藏和传达信息或数据的后果;
- 监管和合同的要求和后果。

在识别与为沟通管理和监督所选方式和方法相关的风险时,应考虑以下因素(控制措施 PR.COM.4):

- 让相关方以期望的方式参与进来所需信息或数据的范围;
- 文化差异和使用某些沟通方式和方法的偏好;
- 可用的沟通技术和预期的技术进步;
- 某些沟通渠道、技术和工具的优势和局限;
- 关键项目相关方的沟通能力;
- 相关方在需要时信息或数据的可用性;
- 信息或数据过载的可能性,同时考虑来自其他同时开展的项目的沟通信息。

X5.9 项目风险管理的风险管理控制措施

表 X5-8 介绍了项目风险管理的风险管理控制措施。

表 X5-8.项目风险管理的风险管理控制措施

控制 ID	控制目标
PR.RSK.1	规划项目风险管理时,会考虑与项目生命周期相关的风险。
PR.RSK.2	规划项目风险管理时,会考虑与确定关键相关方风险偏好或态度的能力有关的风险以及他们的偏好或态度的水平相关的风险。
PR.RSK.3	规划项目风险管理时,会考虑与为风险识别、分析和监督所选方式和方法有关的风险。
PR.RSK.4	识别项目风险及其应对方法时,会考虑从过去和当前项目中吸取的经验教训。
PR.RSK.5	工作绩效报告持续用于识别潜在的新风险,并重新评估以前识别的风险。
PR.RSK.6	规划风险应对措施时,识别、分析和处理次生风险和残余风险。
PR.RSK.7	风险应对措施反映在所有相关的项目管理计划和基准中。
PR.RSK.8	定期分析来自风险监督活动的工作绩效信息,以便评估风险管理的有效性,识别潜在的新风险,并重新评估或查明以前所识别风险的具体存在情况。
PR.RSK.9	风险监督活动的输出用于持续改进项目的风险管理方式和方法。
PR.RSK.10	可获得有效决策所需的风险信息和数据,而且这些信息和数据足以应对项目的复杂性。

在识别与项目生命周期相关的风险时,应考虑以下因素(控制措施 PR.RSK.1):

- ◆ 对于预测型生命周期:
    - ■ 范围的可预测性;
    - ■ 预测和控制事业环境因素的能力;
    - ■ 识别和管理关键项目领域中风险的能力;
    - ■ 相关方对投资于项目中预计可预测的不确定因素的意愿,以及
    - ■ 规划包和"滚动式"规划的使用情况。
- ◆ 对于迭代型和增量型生命周期:
    - ■ 是否有决策者定期按时做出与风险相关的决定;
    - ■ 相关方对于为项目过程中已识别的风险提供融资的准备就绪度;
    - ■ 对从以前的迭代中获得的结果和经验教训及时做出反应的能力。
- ◆ 对于适应型生命周期,除了对于迭代型和增量型生命周期应考虑的因素外,还应考虑以下因素:
    - ■ 相关方对于应对不可预测的主要风险的准备就绪度,以及
    - ■ 相关方对于未详细分析长期风险的情况下开展工作的准备就绪度。

在识别与为风险识别、分析和监督所选他方式和方法相关的风险时,应考虑以下因素(控制措施 PR.RSK.3):

- ◆ 识别所有关键领域的风险的能力;
- ◆ 专注于正确风险的能力;
- ◆ 从规划精准的风险应对措施的能力角度来看,风险信息或数据的准确性;
- ◆ 有效识别、分析和监督某些领域风险所需的专业知识;
- ◆ 管理项目关键领域风险的责任;
- ◆ 识别、分析和监督过程的连续性和规律性。

X5.10 项目采购管理的风险管理控制措施

表 X5-9 介绍了项目采购管理的风险管理控制措施。

表 X5-9.项目采购管理的风险管理控制措施

控制 ID	控制目标
PR.PRO.1	规划项目采购管理时,会考虑与项目生命周期相关的风险。
PR.PRO.2	规划项目采购管理时,会考虑环境因素导致的风险。
PR.PRO.3	自制或外购决策包括风险识别和分析。因这些决策产生的风险会按照风险管理计划进行管理。
PR.PRO.4	规划项目采购管理时,会考虑提议的供应商选择标准有关的风险。
PR.PRO.5	规划项目采购管理时,会考虑提议的合同类型有关的风险。因最终协议产生的风险将根据风险管理计划进行管理。
PR.PRO.6	规划项目采购管理时,会考虑实施采购的方式和方法有关的风险。
PR.PRO.7	规划项目采购管理时,会考虑控制采购和所提议的潜在后续策略性质的方式和方法有关的风险。
PR.PRO.8	定期分析采购控制活动的工作绩效信息(尤其是供应商的绩效和索赔性质),以识别潜在的新风险并查明以前所识别风险的具体存在情况。

在识别与项目生命周期相关的风险时,应考虑以下因素(控制措施 PR.PRO.1):

◆ 对于预测型生命周期:

- 范围的可预测性;
- 规划包和"滚动式"规划的使用情况;
- 预测和控制事业环境因素的能力,特别是市场条件、必要时供应商的可用性以及货物和服务的获取能力。

- 对于迭代型、增量型和适应型生命周期：
  - 购买提前期长的货物和服务的能力；
  - 在预先有限范围的掌握信息的情况下购买商品和服务的能力；
  - 是否有决策者定期按时做出与采购相关的决定；
  - 在短时间内评估和使用新供应商的能力；
  - 及时实施采购以确保项目的执行不会因这一过程而减慢的能力；
  - 供应商合同的灵活性；
  - 对从以前的迭代中获得的结果和经验教训及时做出反应的能力。

在识别因环境因素导致的风险时，应考虑以下因素（控制措施 PR.PRO.2）：

- 所需货物和服务的常规可用性；
- 卖方的可获得性；
- 商品和服务的历史供应周期；
- 可能影响商品和服务可用性的其他举措；
- 关键商品和服务的市场条件；
- 关键商品和服务的竞争情况；
- 针对购买某些商品和服务的监管要求。

在识别与自制或外购决策相关而且因此类决策产生的风险时，应考虑以下因素（控制措施 PR.PRO.3）：

- 能力和知识产权需求；
- 能力的可用性；
- 对交付的控制程度；
- 对其他项目活动和可交付成果的影响；
- 与过程中考虑的特定第三方相关的风险。

在识别与所提议的供应商甄选标准相关的风险时,应考虑以下因素(控制措施 PR.PRO.4):

◆ 平衡成本和质量要求的能力;

◆ 增强供应商加强合作的意愿和能力的能力;

◆ 了解供应商的历史表现的能力;

◆ 整合到团队层面的行动之中,以便近乎实时地支持小型团队工作的能力;

◆ 了解供应商文化的能力;

◆ 标准涵盖计划将转移给供应商的风险领域的程度。

在识别与合同类型相关的风险时,应考虑以下因素(控制措施 PR.PRO.5):

◆ 客户和供应商管理特定类型风险的意愿和能力;

◆ 各方之间的风险平衡水平;

◆ 合同范围是否足以满足项目需要;

◆ 通过合同转移某些风险的次生风险;

◆ 在根据合同将部分风险转移后,客户方面的残余风险;

◆ 合同对于项目生命周期是否充分,特别是考虑到责任、范围管理方法和绩效测量指标的情况下。

在识别与为实施采购所选方式和方法相关的风险时,应考虑以下因素(控制措施 PR.PRO.6):

◆ 在供应商之间创造公平竞争环境的能力;

◆ 及时完成采购的能力;

◆ 吸引合适供应商的能力;

◆ 应对过程中出现的机会和威胁的灵活性;

◆ 利用供应商的专业知识提供最佳解决方案的机会;

◆ 识别所购商品或服务的实际质量的能力;

◆ 在购买特定商品或服务时满足监管要求的能力。

在识别为控制采购和所提议的潜在后续策略的性质所选方式和方法相关的风险时,应考虑以下因素(控制措施 PR.PRO.7):

- ◆ 从项目角度看货物或服务的重要性;
- ◆ 供应商的经验和能力水平;
- ◆ 控制(重点关注预防、检测和纠正措施之间的平衡)的性质;
- ◆ 对选定的项目生命周期,绩效测量指标是否充分;
- ◆ 信任度;
- ◆ 对关系的影响。

X5.11 项目相关方管理的风险管理控制措施

表 X5-10 介绍了项目相关方管理的风险管理控制措施。

表 X5-10.项目相关方管理的风险管理控制措施

控制 ID	控制目标
PR.STK.1	规划项目相关方参与时,会考虑与项目生命周期相关的风险。
PR.STK.2	规划项目相关方参与时,会考虑环境因素引起的风险。
PR.STK.3	规划项目相关方参与时,会考虑与所选择的监督和管理相关方参与的方式和方法相关的风险。
PR.STK.4	定期分析项目相关方参与控制活动的信息,以识别潜在的新风险并查明以前所识别风险的具体存在情况。

在识别与项目生命周期相关的风险时,应考虑以下因素(控制措施 PR.STK.1):

- ◆ 对于预测型生命周期:
    - ■ 及早确定并让关键相关方参与进来的能力;
    - ■ 相关方预测其未来需求的能力和意愿;

- 相关方对于投入时间进行规划工作的准备就绪度；
- 相关方在项目规划阶段处理潜在错误的能力和意愿；
- 相关方关于应对预测性受干扰的潜在风险的理解程度和意愿度。

◆ 对于迭代型和增量型生命周期：
- 相关方接受不完整的产品范围定义的意愿；
- 相关方对使用部分定义和不完整的可交付成果开展工作的准备就绪度；
- 相关方对从以前的迭代中获得的结果和经验教训及时做出反应的能力。

◆ 对于适应型生命周期，除了对于迭代型和增量型生命周期应考虑的因素外，还应考虑以下因素：
- 应对项目发展过程中意外出现的新相关方；
- 相关方对于使用基本未定义的可交付成果开展工作的准备就绪度；
- 相关方对于在没有与特定可交付成果相关的预测性长期预算和进度计划的情况下开展工作的准备就绪度。

在识别因环境因素导致的风险时，应考虑以下因素(控制措施 PR.STK.2)：

◆ 关键外部相关方可能产生的相互影响，此类相关方包括：
- 供应商；
- 竞争情况；
- 政府；
- 非政府组织；
- 地方社区领导；
- 媒体。

◆ 组织结构；

◆ 组织的风险承受能力、能力和偏好；

◆ 市场条件的趋势；

◆ 政治环境的趋势；

◆ 监管要求的趋势。

在识别与为监督和管理相关方参与所选方式和方法相关的风险时,应考虑以下因素(控制措施 PR.STK.3):

- ◆ 相关方以理想方式参与进来的意愿;
- ◆ 对相关方交付能力的影响;
- ◆ 合作文化;
- ◆ 对整体关系的影响;
- ◆ 信任度;
- ◆ 个人成熟度;
- ◆ 团队成熟度;
- ◆ 个人的风险态度和偏好;
- ◆ 文化差异;
- ◆ 某些参与方法的优势和局限;
- ◆ 是否有相关人员管理相关方参与。

附录 X6
适用于风险管理框架的技术

许多技术广泛使用以支持风险管理过程。本附录提供了一些示例,重点介绍了支持风险管理生命周期的一些最常见有效的技术。这些信息并非旨在详细解释这些技术,而是要列出它们最重要的特征。鼓励有兴趣了解更多信息的人寻求其他信息来源。

有三种主要技术类型:模板和列表、过程技术和定量技术。模板和列表旨在反映行业和内部基准、最佳实践以及经验教训。过程技术使管理风险管理过程变得更容易;有多种过程技术,从基本文件和电子表格到自动化过程各不相同。定量技术通过明确的术语为考虑各种方案和后果的分析方面提供支持。

以下各节描述了风险管理框架每个阶段的一些更流行的技术。所列举的技术并非详尽无遗,有多种技术可用于多个阶段。第 X6.8 节将技术映射到可能有用的风险管理阶段。某些技术对于多阶段都很有用。

X6.1 风险管理规划

"规划风险管理"定义了在相应的项目组合、项目集或项目的整个生命周期中管理风险时应遵循的方法。建议召开规划会议,以便在相关方之间建立对风险方法的共识,并就用于管理风险的技术取得一致。风险管理规划阶段通常由模板支持。风险管理规划的结果记录在风险管理计划中。图 X6-1 概述了关键焦点领域。

人员	工具	业务
态度	工具箱	制约因素
角色、职责、职权	参数	细节和人力投入的数量
沟通	定义	

图 X6-1.规划风险管理的关键焦点领域

根据工作的规模和复杂性,风险管理计划介绍了以下部分或全部要素:

- 引论,
- 项目组合、项目集或项目描述,
- 风险管理方法论,
- 风险管理组织,
- 角色、职责和职权,
- 相关方风险偏好,
- 成功标准,
- 风险管理技术和使用指南,
- 临界值和相应的定义,
- 模板,
- 沟通管理计划,
- 战略,以及
- 风险分解结构。

有多种软件工具可用于帮助进行风险管理规划。虽然此处未加讨论,但以下各节中列出的许多技术都已纳入风险管理软件。

X6.2 识别风险

进行风险识别的目的是制定一份可能对项目组合、项目集或项目产生影响的所有已知不确定因素的完整列表。所有风险识别技术都有优势和劣势。最佳实践建议使用多种技术来识别风险，以弥补任何一种技术的缺陷并提高风险识别率。识别风险中的主要假设是：偏见和一系列人类行为模式阻碍了识别未知风险、识别错误风险或者强调或优先应对错误风险。某些风险识别技术在识别威胁方面比识别机会更有帮助，反之亦然。平衡用于应对威胁和机会的技术非常重要。

无论使用哪种风险识别技术，重要的是要明确描述已识别的风险，以确保风险过程专注于实际风险，而不是被非风险因素转移注意力或削弱。使用结构化的风险描述可以确保清晰度。风险元语言提供了一种将风险与其原因和结果区分开来的有用方法，通过使用以下形式的陈述（由三部分组成）描述每个风险："由于*原因*，可能会发生风险，从而导致*结果*。"原因、风险和结果之间的关系如图 X6-2 所示。

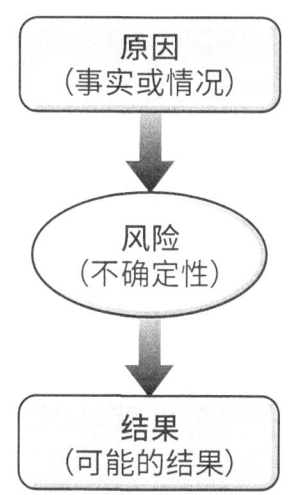

图 X6-2. 原因、风险和结果之间的关系

可以根据核对单和模板、个人评估、小组风险评估、外部风险识别等来识别风险。个人评估由单个个体(无论是专家、相关方还是其他参与者)进行。可以将单个风险评估组合起来，以创建整体风险登记册。外部风险评估可由组织内的企业风险管理 (ERM) 职能部门生成，也可以由外部来源(例如客户或供应商)提供。

第 X6.2.1 节至第 X6.2.14 节介绍了一些常见的风险识别技术。有关该技术在其他风险管理框架阶段也很有用，请参阅第 X6.8 节。

X6.2.1 假设条件和制约因素分析。

假设条件用于确定风险的影响。它们是被接受为真实的陈述，但需要在迭代过程中以及在与项目组合、项目集和项目生命周期相关的风险管理工作中进行确认和持续审查。此技术需要三个步骤：(1) 列出；(2) 测试有效性；以及 (3) 确定对项目、项目集或项目组合的影响。图 X6-3 中显示了一个示例。

假设条件或制约因素	可证明此假设条件/制约因素是错误的吗？(是/否)	如果是错误的，它对项目是否会有影响？(是/否)	变为风险？

图 X6-3. 带有描述字段和分析结果的制约因素分析的示例

处理假设条件和制约因素分析的另一种方法是使用以下逻辑序列：

◆ 列出假设条件或制约因素。

◆ 通过提出两个问题来测试假设条件或制约因素：

　■ 假设条件/制约因素是否可能是错误的？

　■ 如果是错误的，是否会有一个或多个目标受到影响(积极影响还是消极影响)？

◆ 如果这两个问题的回答均为"是"，则会产生风险，例如以下这种形式：<*假设条件/制约因素*> 可能被证明为错误，会使 <*目标受到影响*>。

X6.2.2 头脑风暴

头脑风暴是一种单独或从一群人产生自发想法的技术。当头脑风暴被用作一种小组风险识别方法时，一个人的想法和思想会激发其他参与者的想法。

X6.2.3 因果图（石川图）

因果图或鱼骨图（参见图 X6-4）用于直观地显示风险的根本原因，从而更深入地了解潜在问题的来源和可能性。内容被组织成一个分支图，其中原因本身可能有多个潜在来源，因此对风险的概述激发了更多的思考。因果图还用于识别质量相关问题。

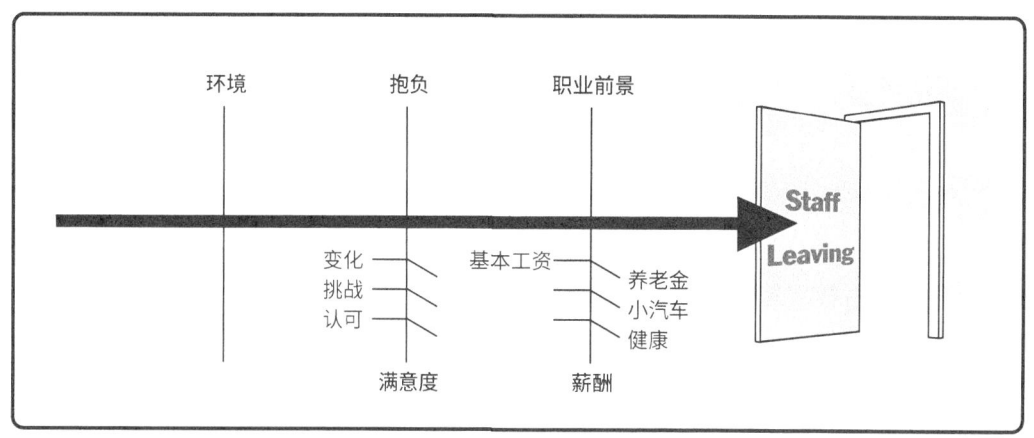

图 X6-4.原果图（又叫石川图）示例

X6.2.4 核对单

风险识别核对单可基于从过去的类似项目和其他信息来源积累的历史信息和知识来编制。风险分解结构的最低级别也可用作风险核对单。图 X6-5 中显示了核对单的一个示例。

风险类别	子类别	风险示例	这可能会影响我们的项目吗? 是,否 不知道,不适用
1年。技术风险	1.1 范围界定	项目期间可能会发生范围变更。	
		可能会发现冗余的范围。	
		等…	
	1.2 技术接口	等…	

图 X6-5.具有类别、子类别、特定风险和影响的典型结构的核对单示例(部分)

虽然核对单可以快速而简单,但不可能详尽无遗地编制一份核对单。应注意考察未在核对单中列出的事项。应在收尾期间对核对单进行审查,对其做出改进,供今后使用。

X6.2.5 德尔菲法

德尔菲法通过对主题专家进行引导式的匿名轮询来识别其专业知识范围内的风险。主持人会收集专家的初步反馈,并在不影响整个团队的情况下进行分发。然后,小组成员可以根据其他成员的答复修订自己的答复。这一过程往往在经过几次迭代后形成专家共识。

X6.2.6 文件审查

可以对文档(包括计划,假设条件,以前的项目组合、项目集或项目文件以及其他信息)进行有条理的审查。这些计划的质量以及这些计划和假设条件之间的一致性可以成为风险指标。

X6.2.7 专家判断

专家判断是根据主题领域、行业细分、组织流程等方面的专业知识对风险识别所做的贡献。

X6.2.8 引导

引导是指有效引导团队活动成功达成决定、解决方案或结论的能力。主持人确保有效参与并考虑所有贡献。

X6.2.9 历史信息

过往项目、项目集和项目组合的历史记录和数据有助于识别常见风险并防止重复出现错误。

X6.2.10 访谈

采访有经验的项目、项目集或项目组合参与者、相关方和主题专家可以识别风险。访谈是收集风险识别数据的主要来源之一。

X6.2.11 提示清单

提示清单会列举风险类别，以便发现与项目、项目集或项目组合最相关的风险类别。提示清单可用作头脑风暴和访谈的框架。风险类别包括：

- ◆ 技术风险；
- ◆ 组织风险；
- ◆ 外部风险。

有不同类型的提示清单。图 X6-6 介绍了一些较为知名的提示清单的示例。

PESTLE	TECOP	SPECTRUM
政治	技术	社会文化
经济	环境	政治
社会	商业	经济
技术	运营	竞争
法律	政治	技术
环境		监管/法律
		不确定性/风险
		市场

图 X6-6. 对风险识别可能非常有用的提示清单的三个著名示例

X6.2.12 问卷调查

问卷调查技术鼓励通过广泛思考来识别风险，但要使其富有成效，必须包含高质量的问题。

X6.2.13 根本原因分析

根本原因分析有助于识别其他相关风险。所识别的风险可能因为具有共同的根本原因而相关。根本原因分析可以作为制定预防性和全面性应对措施的基础，并有助于降低明显的复杂性。图 X6-7 显示了对根本原因进行图示的一种方法。

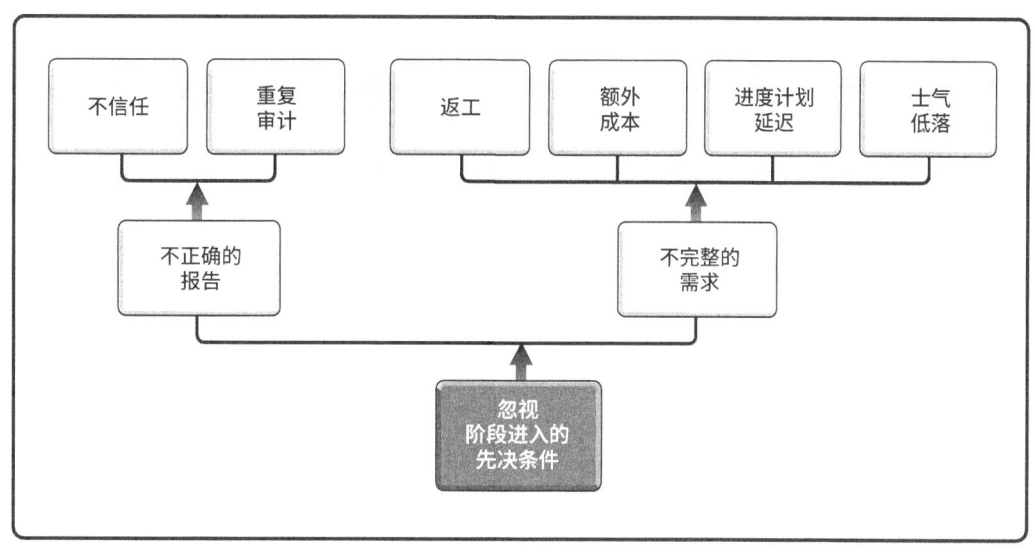

图 X6-7. 根本原因分析示例

X6.2.14 SWOT 分析

SWOT（优势、劣势、机会和威胁）是一种技术，它从每个 SWOT 的角度对计划进行审视，以增加所考虑风险的广度。它确保对威胁和机会予以同等关注。这种技术重点关注内部（组织优势和劣势）和外部（机会和威胁）因素。SWOT 分析结果的组织方法如图 X6-8 所示。

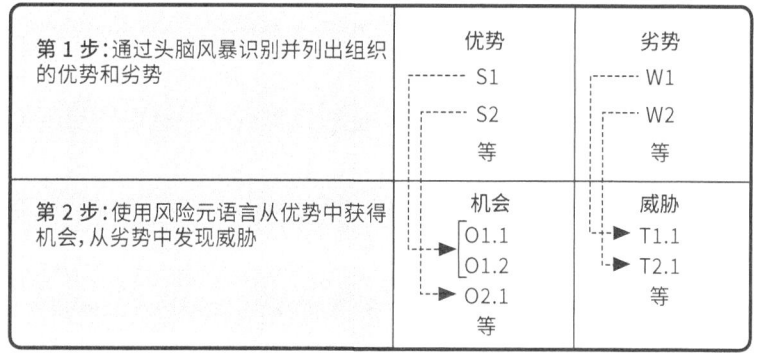

图 X6-8. SWOT 分析结构示例

X6.3 定性风险分析

定性风险分析对"识别风险"过程中识别的风险（它们未作区分即被列入一份清单）确定优先级，以供进一步评估或处理。组织往往根据风险的优先级将资源应用于那些被指定为*高风险*的事项；这些优先级通常由风险的概率和影响特征表示。定性风险分析技术通常基于概率和影响，但也可以包括其他优先级变量。建议采用一种一致、定义明确的优先级确定技术，以便使评价者之间保持一致。图 X6-9 显示了评价定义模式的一个示例。

档次	概率	± 对项目目标的影响		
		时间	成本	质量
VHI	61–99%	>40 天	>20 万美元	对总体职能具有非常重大的影响
HI	41–60%	21–40 天	10.1 万–20 万美元	对总体职能具有重大影响
MED	21–40%	11–20 天	5.1 万–10 万美元	对关键职能领域具有一些影响
LO	11–20%	6–10 天	1.1 万–5 万美元	对总体职能具有轻微影响
VLO	1–10%	1–5 天	1,000–1 万美元	对辅助职能具有轻微影响
NIL	<1%	没有变更	没有变更	职能未发生变更

图 X6-9. 用于评估单个风险的特定目标的概率和影响的定义的示例

第 X6.3.1 节和第 X6.3.7 节介绍了一些用于定性风险分析的常见技术。

X6.3.1 亲和图

亲和图用于对导致风险的特定想法或因素进行组织。它有助于按相似性或通用风险类别对风险进行分类。

X6.3.2 层次分析过程

层次分析过程 (AHP) 是一种基于矩阵方法的技术，用于为多标准决策过程提供支持。它还可用于识别风险。即使存在主观性最小的客观排序，分组也是任意的。图 X6-10 中显示了一个示例。

偏好因子	
1	同等偏好
2	略微偏好
3	中等偏好
4	非常偏好
5	始终偏好

输入矩阵(偏好因子)				
	成本	时间	范围	质量
成本	1.00	0.25	0.33	0.20
时间	4.00	1.00	1.00	0.25
范围	3.00	1.00	1.00	0.25
质量	5.00	4.00	4.00	1.00

备注:偏好因子将输入深灰色区域。按照定义,主对角线为1.0。
其他单元格按 1 计算/相同目标的偏好因子。

	计算因子(偏好因子/列总和)				权重因子
	成本	时间	范围	质量	行均值
成本	0.08	0.04	0.05	0.12	0.1
时间	0.31	0.16	0.16	0.15	0.2
范围	0.23	0.16	0.16	0.15	0.2
质量	0.38	0.64	0.63	0.59	0.6
总和	13.00	6.25	6.33	1.70	1.0

图 X6-10.用于确定与项目相关的四个目标的相对权重的层次分析过程计算的示例

X6.3.3 影响图

影响图是对某一情况的图形表示,显示主要实体、决策点、不确定性和结果,并指明它们之间的关系(影响)。当与敏感性分析或蒙特卡洛模拟结合使用时,影响图可以识别风险以揭示其来源。

X6.3.4 名义小组技术

名义小组技术是对头脑风暴的调整,参与者在评估前分享并讨论所有问题,每位参与者平等参与评估。

X6.3.5 概率和影响矩阵

概率和影响矩阵使用户能够确定风险的优先级,以便进一步分析或采取应对措施。它有助于区分对业务活动影响较小的风险和影响较大的风险。它通常根据风险的影响概率对风险进行分类,例如很高、高、中等、低和很低。概率和影响矩阵的一个示例如图 X6-11 所示。

概率	威胁					机会					概率
很高	低	中等	中等	高	高	高	高	中等	中等	低	很高
高	低	低	中等	高	高	高	高	中等	低	低	高
中等	低	低	中等	高	高	高	高	中等	低	低	中等
低	低	低	低	中等	高	高	中等	低	低	低	低
很低	低	低	低	低	中等	中等	低	低	低	低	很低
	很低	低	中等	高	很高	很高	高	中等	低	很低	
	影响(威胁)					影响(机会)					

概率和影响风险等级

图 X6-11.用于将风险归类为很高 (VH)、高 (H)、中等 (M)、低 (L) 和很低 (VL) 类的概率和影响矩阵示例

X6.3.6 风险数据质量分析

风险分析结果的质量只能达到与所收集数据相同的质量。审查数据的可靠性和充分性可确保分析基于高质量的信息。认为质量较差的数据可能会进一步研究或从从风险分析中排除。应当非常认真对待排除劣质数据这件事情,以避免进行不太可靠的定性分析。

X6.3.7 其他风险参数评估

在确定风险优先级以进行进一步分析和采取行动时,可以考虑风险的其他特征(概率和影响除外)。此类特征可能包括(但不限于):

- **紧迫性**。为有效应对风险而必须采取应对措施的时间段。时间短就说明紧迫性高。
- **邻近性**。风险在多长时间后可能会影响一个或多个目标。时间短就说明邻近性高。
- **可监测性**。对风险发生或即将发生进行监测和辨识的容易程度。如果风险发生很容易监测,可监测性就高。
- **潜伏期**。从风险发生到影响显现之间可能的时间段。时间短就说明潜伏期短。
- **可管理性**。风险责任人(或责任组织)管理风险发生或影响的容易程度。如果容易管理,可管理性就高。
- **可控性**。风险责任人(或责任组织)能够控制风险后果的程度。如果后果很容易控制,可控性就高。
- **连通性**。风险与其他单个风险存在关联的程度大小。如果风险与多个其他风险存在关联,连通性就高。
- **战略影响**。风险对组织战略目标潜在的正面或负面影响。如果风险对战略目标有重大影响,战略影响力就大。
- **相关方影响**。风险被一名或多名相关方认为要紧的程度。如果风险被认为很显著,相关方影响就大。

X6.3.8 系统动态

系统动态 (SD) 是影响图的一种特定应用,可用于进一步识别特定情况下的风险。SD 模型代表着实体和信息流,对该模型的分析可以揭示导致不确定性或不稳定的反馈和前馈循环。此外,SD 分析的结果可以显示风险事件对总体结果的影响。对该模型或假设中变更的分析可以表明系统对特定事件的敏感性,其中一些事件可能是风险。

系统动态可揭示各种要素之间意想不到的相互关系(反馈和前馈循环)。它可以产生其他技术无法提供的违反直觉的观点。这种分析可生成一个关于所包含的所有风险总体影响的视图。

X6.4 定量风险分析

当所有风险可能同时发生时,定量风险分析用于确定目标面临的整体风险。适当用于定量风险分析的技术有几个特征:全面的风险表示、整体风险影响计算、概率模型、数据收集能力、定量分析结果的有效呈现以及迭代能力。定量风险分析技术可以实现对目标面临的机会和威胁的表达。

第 X6.4.1 节和第 X6.4.7 节介绍了一些用于定量风险分析的常见技术。

X6.4.1 应急储备估算

所有附带条件的应对计划以及任何残余风险(如果发生)都会对目标产生影响。需要预留一笔款项(时间和成本),以应对这些可能发生的情况。这笔款项由两部分组成: (1) 涵盖特定、已批准的有条件应对措施(例如应急计划)的金额,以及 (2) 用于解决未指定或被动接受的风险的款项。定量方法可用于确定应预留的款项。在"监督风险"过程中会跟踪和管理这些储备。

X6.4.2 决策树分析

决策树分析用于确定部分和全局性的发生概率。它是一种树状模型,根据发生概率计算不同可能的预期货币价值(参见第 X6.4.4 节)。图 X6-12 中显示了决策树的一个示例。

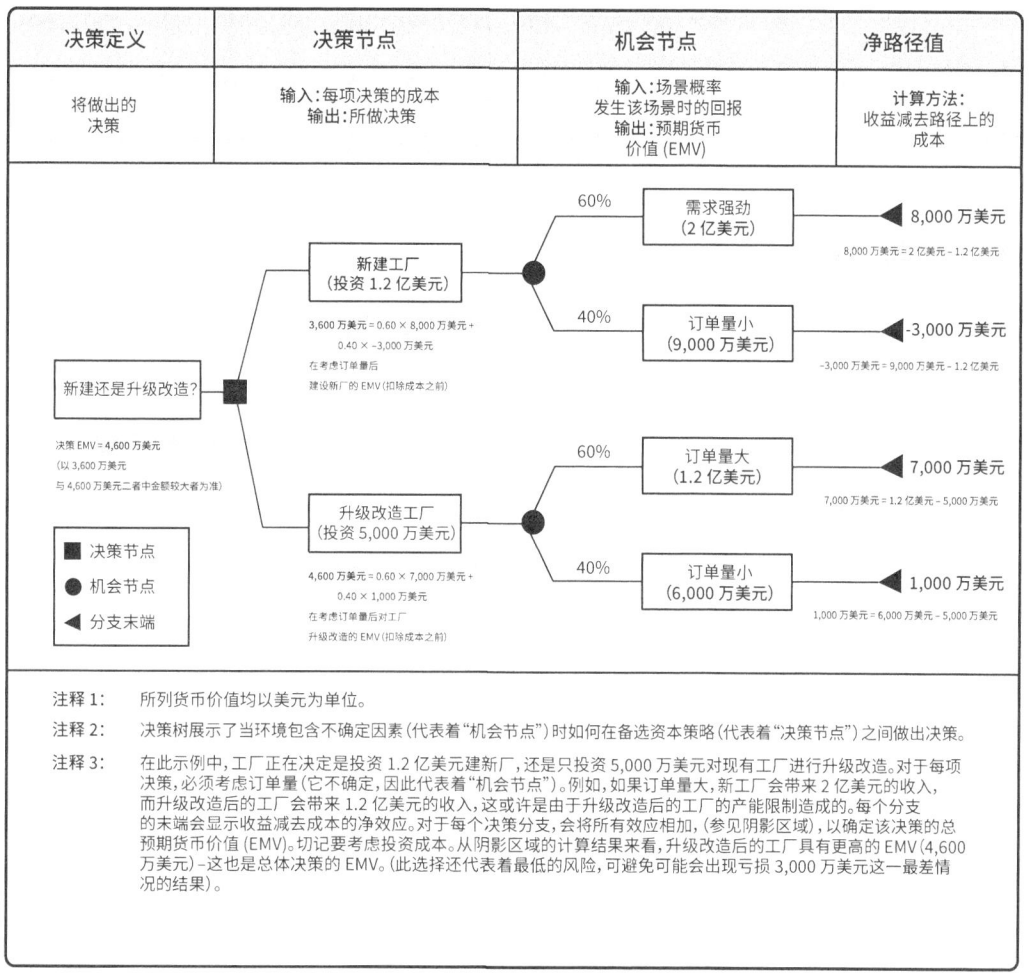

图 X6-12. 决策树图示例（来源：《PMBOK® 指南》[4]）

X6.4.3 适用于概率和影响的估算技术

风险发生的概率可以通过多种不同的方式来指明。一种常见的方法是按概率范围分配风险概率的水平。这种方法的一个好处是，主题专家只需评估风险的概率在一定范围内，而不是一个特定的值。

影响水平的定义的示例都与特定工作密切相关。用于指明影响级别(从很低到很高)(如果使用的是 5×5 矩阵)的值应该：

- 被指定为对威胁或机会具有更大影响 - 当特定目标面临的威胁或机会从很低变为很高时，
- 由组织定义为对于所有目标给各个水平造成相同数量的痛苦或收益，以及
- 由相关方根据具体工作裁剪或调整。这些定义经过适当裁剪，可用于机会和威胁。

如果某一风险的影响不确定，并且可以分配给多个影响级别(例如，从中等到高)，则分析师可以选择将该风险分配给代表预期或平均影响的影响级别。也可以对该风险进行标记，以便进行额外分析，从而缩小不确定性的范围，使其适合于单个范围。

X6.4.4 预期货币价值

预期货币价值 (EMV) 是一种用于量化风险的统计技术，它进而可以帮助经理计算应急储备。EMV 是结果不确定时所计算的值，例如加权平均值或者预期成本或收益。确定所有合理的替代结果。它们的发生概率(总和为 100%)及其值均会估算得出。根据发生概率对单个可能的结果进行加权，即可计算整个事件的 EMV。其计算公式为：

预期货币价值 (EMV) = 概率 × 影响

X6.4.5 FMEA/故障树分析

故障模式和影响分析 (FMEA) 或故障树分析使用一种结构化模型，根据系统逻辑确定可能导致系统自身故障或与其他因素结合而导致的系统故障。故障树分析通常用于工程环境。它可以通过分析风险影响的产生方式或整个系统的故障概率(或可靠性、故障平均时间间隔等)来识别风险，以表明系统或产品的质量水平。如果可靠性水平不可接受，则故障树可以指明系统在哪些方面可以变得更可靠；因此，它在项目集或项目的设计和工程阶段很有用。

故障模式影响分析会评估和分析系统和/或产品的潜在可靠性。作为常规项目集的一部分，它与故障模式影响和危害性分析一起使用，用于评估系统的可靠性和潜在的故障模式。

使用历史数据，针对类似产品/服务、保修数据、客户数据投诉和任何其他可用信息的分析可能会促成使用推论统计、数学建模、模拟、并行工程和可靠性工程来识别和定义可能的故障。

故障模式影响和危害性分析 (FMECA) 是 FMEA 的逻辑扩展。它评估故障模式的危害性和发生概率。

X6.4.6 蒙特卡洛模拟

蒙特卡洛模拟是一种模拟目标所面临风险的概率分布的技术。这种统计方法对事件进行抽样，以确定某一系统的平均行为。

蒙特卡洛模拟是一种统计分析技术，可应用于存在不确定的估算的情况，从而通过一系列模拟降低不确定性。从这个意义上讲，它可应用于分析与特定目标相关的风险。对于每一个变量，蒙特卡洛模拟并不提供单一的估算，而是提供与每一个估算相关的一系列可能的估算，以及该估算具有准确性的概率水平（置信水平），具体如图 X6-13 所示。

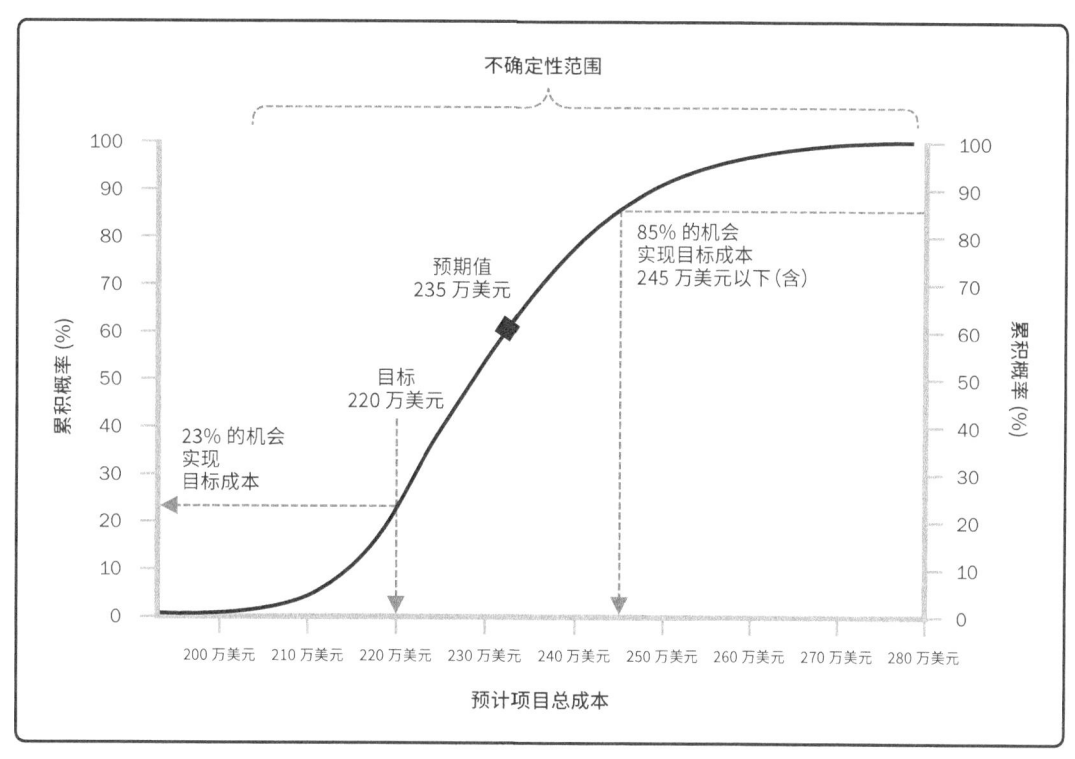

图 X6-13.项目进度计划蒙特卡洛模拟的直方图示例（注意：所有货币价值均以美元表示）

X6.4.7 PERT（项目集/项目评审技术）

一种基于时间的技术，可用于在项目或项目集开发的特定时间点量化风险。

X6.5 规划风险应对

"规划风险应对"会制定考虑风险及其特征所需的一系列行动,并将其整合到相应的计划和预算中。由此制定的计划应满足关键相关方的风险偏好和态度。共有三类技术,具体如下:

- ◆ 确定潜在应对措施的创造性技术;
- ◆ 用于确定最佳潜在应对措施的决策支持技术;
- ◆ 旨在将风险应对措施转化为行动的实施技术。

这些技术类别可分别用于确定潜在的应对措施,选择最合适的应对措施以便将策略转化为规划,以及分配相应的行动。

通过各种创造性技术确定潜在的应对措施与风险识别技术非常相似(请参阅第 X6-2 节)。决策支持技术有助于审视各种风险应对策略之间的权衡。此类技术还有助于在先发制人性的预防与基于触发因素的应急反应之间做出选择。

第 X6.5.1 节至第 X6.5.5 节介绍了可用于"规划风险应对"过程的几种决策支持技术。

X6.5.1 应急规划

对于特定风险(通常是影响大的风险),风险责任人可以选择组建一个团队来制定应对措施,就如同风险确实已经发生了一样。相应的计划以及支持性信息随后将由管理层或发起人记录并批准。此批准包括在出现预先定义的触发条件时部署相应资源的授权。

X6.5.2 力场分析

力场分析通常用于变更管理的环境中。通过识别当前影响目标实现的驱动性力量(促进变更的力量)和抑制性力量(阻碍变更的力量),可以将其用于风险应对规划。然后,可以根据这些力量的最终结果将风险应对措施进行建模,具体如图 X6-14 所示。

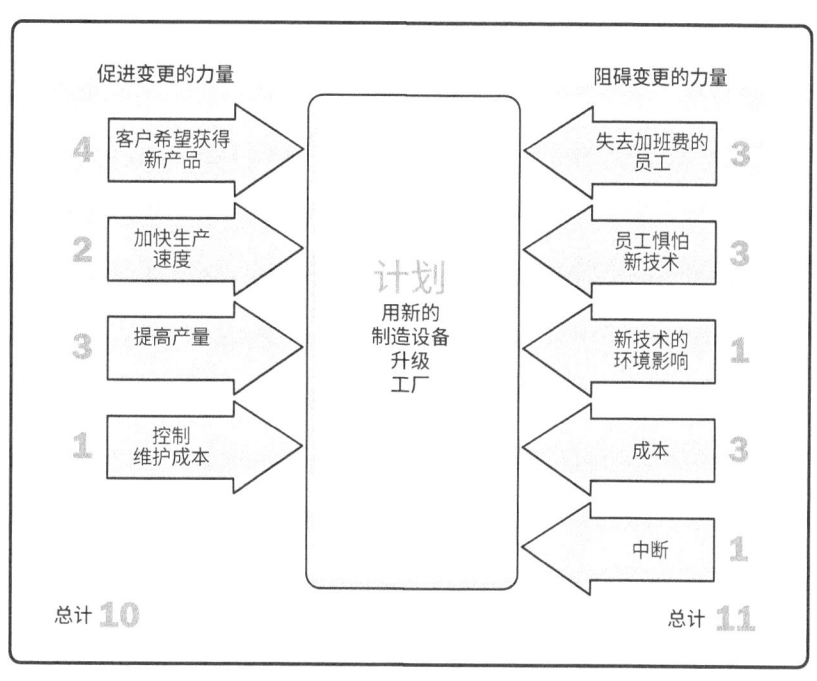

图 X6-14.力场分析以及平衡促进变更的力量和阻碍变更的力量的示例

X6.5.3 多标准选择技术

决定是否从多个方案中选择特定风险应对措施的标准包括成本、进度计划、技术要求等,以及风险属性(例如风险类型、概率大小和影响)。可以对多标准选择进行加权,以反映各种标准的重要性,具体如图 X6-15 所示。

标准	权重	方案 A		方案 B	
		等级	分数	等级	分数
价格	9	8	72	10	90
功能	9	5	45	8	72
易用性	6	9	54	7	42
交付时间	7	9	63	6	42
总分			234		246

图 X6-15.多标准加权和分析示例

X6.5.4 情景分析

风险应对规划的情景分析包括确定几个合理的备选情景。对于每个情景,可能需要采取不同的风险应对措施;可以对这些风险应对措施的成本和成效进行描述和评估。如果组织可以在多个情景之间进行选择,则可以对这些备选情景(包括应对措施)进行比较。如果这些情景不受组织控制,那么这种分析会导致进行有效且必要的应急规划。

情景通常包括乐观评估、最可能评估和悲观评估。乐观和悲观的情景的表述有助于让管理人员对与项目组合、项目集或项目相关的正面和负面潜力有一定的敏感性。

X6.5.5 模拟

模拟是一种技术,用于估算与实施这些计划所需的人力投入和成本相比,不同应对计划的收益和影响。模拟还可有助于分析在实施不同的风险应对方案时项目中的关键链可能受到的影响。

X6.6 应对计划的实施

将预防性应对计划转化为行动的最常见方法是将这些计划增加到项目组合、项目集或项目管理计划中。虽然一些规划技术可以跟踪并区分源自应对计划的任务和行动,但某些规划技术不会区分风险应对任务和其他任务。

X6.7 监督风险

"监督风险"可确保正在实施风险应对措施,核实它们是否有效,并在必要时启动纠正措施。第 X6.7.1 节至第 X6.7.10 节介绍了在整个项目组合、项目集或项目生命周期中监督风险的技术。

X6.7.1 数据分析

数据分析通过分析相关文档和相关数据对于特定项目组合、项目集或项目的适用性来对已知的风险类型进行深入研究。在直接的数据分析中，所探讨风险的问题和类型是预先确定的，不同类型的风险和对应的因果关系之间的关系也是预先定义。高级数据分析的形式包括使用大数据、高级分析或人工智能功能来深入研究未知类型的风险。

X6.7.2 储备分析

储备分析是一种分析技术，用来明确工作管理计划各组成部分的基本特征及其相互关系，从而为进度工期、预算、成本估算或资金需求设定储备。通过执行跟踪储备的状态可提供有关相应风险状态变化情况的概要信息。在向上报告组织管理结构时，这些信息很有用。此外，一旦风险发生或不再存在（即不再产生影响），就需要对相应的储备进行审查，以评估它是否仍然具有商定的置信水平。

X6.7.3 残余影响分析

实施应对计划可能会导致残余风险或新发风险。残余影响分析用于确定实施应对计划的副作用。

X6.7.4 风险审计

风险审计旨在评估以下方面：

- ◆ 风险管理规则是否按规定执行；
- ◆ 风险管理规则是否足以控制工作。

附录 X3、X4 和 X5 讨论了用于制定和定义项目组合、项目集和项目风险管理治理的管理控制措施的指标。这些管理控制措施将成为进行审计的标准。

X6.7.5 风险分解结构

风险分解结构 (RBS) 是潜在风险来源的一种层级框架。组织可以开发通用或特定的 RBS。RBS 有助于识别与其类别相关的特定风险,并为其他风险识别技术(如头脑风暴)提供了框架。RBS 有助于确保涵盖所有类型的风险,并测试是否存在盲点或遗漏。图 X6-16 显示了项目的通用 RBS 的一个示例。

RBS 级别 0	RBS 级别 1	RBS 级别 2
所有项目风险来源	1 年。技术风险	1.1 范围定义
		1.2 需求定义
		1.3 估算、假设条件和制约因素
		1.4 技术流程
		1.5 技术
		1.6 技术接口
		等
	2 年。管理风险	2.1 项目管理
		2.2 项目集/项目组合管理
		2.3 运营管理
		2.4 组织
		2.5 提供资源
		2.6 沟通
		等
	3 年。商业风险	3.1 合同条款和条件
		3.2 内部采购
		3.3 提供商和供应商
		3.4 分包合同
		3.5 客户/顾客稳定性
		3.6 合伙企业和合资企业
		等
	4 年。外部风险	4.1 法律
		4.2 汇率
		4.3 工厂/设施
		4.4 环境/天气
		4.5 竞争
		4.6 监管
		等

图 X6-16.项目通用风险分解结构示例

X6.7.6 风险再评估

风险再评估要求对以下活动重新估算和确认,以确保进行有效控制:

- ◆ 识别新风险;
- ◆ 评估当前风险;
- ◆ 评估风险管理过程;
- ◆ 关闭风险。

X6.7.7 敏感性分析

敏感性分析是指评估一个或多个影响变量对某一变量的影响。它通常用作监督风险中的一种技术,用于确定一个或多个风险发生时对特定目标可能产生的影响。

X6.7.8 状态会议

状态会议包括审查所有未解决的风险和已发生的触发条件(从而导致风险成为问题)。在过去一段时间内应对的风险、所采取行动的成效、对项目组合、项目集或项目的影响以及经验教训都会正式记录在知识管理系统中。

X6.7.9 趋势分析

趋势分析会评估风险状况如何随时间变化、以前的行动是否产生预期效果以及是否需要采取额外的行动。

X6.7.10 偏差分析

偏差分析会对计划的结果与实际结果进行比较。当偏差增加时,不确定性和风险就会增加。这种分析的结果可能会预测未来在结果完成之前偏离基准计划的任何可能性。偏离基准计划可能表明威胁或机会的潜在影响。

X6.8 风险管理技术回顾

表 X6-1 列出了在项目组合、项目集和项目中执行风险管理的技术。这种列举并非详尽无遗，也没必要使用所有这些技术。

列标题列出了标准第 4 节中讨论的风险管理过程，并指出了每种技术的一些优势和劣势。在每个单元格中，这些字母表明了对每种技术与风险管理过程的相关性的主观评估。在表 X6-1 中，"C"代表*核心*，表示在特定过程背景下使用该技术被认为是非常有用的；"S"代表*支持*，表示该技术可以为特定过程提供一些有用的信息。

表 X6-1. 映射到风险管理生命周期阶段的风险管理技术矩阵

技术	规划风险管理	识别风险	风险定性分析	风险定量分析	规划风险应对	监督风险	优势	劣势
亲和图	C	S			S		• 可以按共同属性对想法分类	• 可能会遗漏单个风险之间的细微差别
层次分析过程	C	C	S				• 帮助确定反映组织优先事项目标的相对权重 • 有助于根据与单个目标相关的风险的优先级制定整体优先级清单	• 组织决策通常由委员会做出,个人可能无法就目标之间的相对优先级达成一致 • 难以收集有关高层管理人员对目标进行成对比较的信息
其他风险参数评估	C	C			S	S	• 提供与风险有关的更多视角 • 有助于在适当的时间规划行动 • 有助于确定监督机制的额外需求	• 可能会使定性分析更加复杂
假设和制约因素分析		S			S	S	• 简单、结构化的方法 • 可以基于章程中已列出的假设和制约因素 • 产生与特定工作相关的风险	• 暗含/隐性的假设或制约因素经常被忽略
头脑风暴	C	S			S		• 使所有参与者能够说出自己的想法并为讨论做出贡献 • 可以让所有相关方参与进来 • 以创新的方式形成创意	• 需要关键相关方参加研讨会,因此,安排起来可能费用高昂而且非常困难 • 倾向于趋同思维和其他团队动力学 • 如果强势人员有主导的引导,结果可能会有偏见 • 经常未经过良好的过滤,产生非风险因素和重复项,需要过滤
因果图(石川图)	C	S			S		• 可视化表示;可促进结构化思考	• 图表可能很快变得过于复杂
核对单	C	S			S		• 记录以前的经验 • 提供详细的风险清单	• 核对单可能会变得难以使用 • 未列于清单之中的风险将被忽略 • 通常只包括威胁,而且会错失机会

(续)

表 X6-1. (续)

技术	风险识别	定性风险分析	定量风险分析	风险应对规划	风险监督	优势	劣势
应急规划	S	S	S	C		• 确保在重大事件发生之前采取措施应对这些事件 • 使相关人员能够快速、集中精力管理方式采取应对措施改善工作形象的专业印象	• 可能会产生虚假的信任感 – 仿佛风险已被规避
应急储备估算		C	C	S	S	• 提供储备理由 • 与发起人进行建设性讨论的基础	• 使人们都能了解储备的情况，因此可能会被任意减少
数据分析	C	S	S	C	C	• 使得人们能够进行复杂的分析 • 提供可能会被注意到的见解	• 需要投入大量资源 • 有赖于数据输入的一致性
决策树分析			C			• 当结果部分由不确定性和风险决定时，会使组织精心设计决策的成本和收益 • 决策树的解决方案有助于组织为选择能为组织提供最高预期效用价值（或预期货币价值）的决策	• 有时难以制定决策结构 • 在没有历史数据的情况下，很难量化发生的概率 • 最佳决策可能会随着曲线的改变，这意味着可能并不不稳定 • 组织可能不会根据线性的预期效用函数做出决策，而是基于可能函数的决策过程很难指明 • 复杂情况的决策分析需要专用软件 • 在决策过程中使用技术方法可能会遇到一些阻力
德尔菲法		S		S		• 获取技术专家的输入 • 消除偏见的来源	• 仅限于技术风险 • 取决于专家的实际专业知识 • 由于专家输入的迭代变化，可能需要比可用时间更长的时间
文件审查	C					• 可发现风险的详细情况 • 无需专业工具	• 仅限于文档中包含的风险

技术					优点	缺点
适用于概率和影响的估算技术	C	C	C	S	• 处理风险的两个关键方面，即其不确定性程度（以"概率"表示）及其对目标的影响（以"影响"表示）	• 如果没有类似事件的历史数据库，则难以校准概率（例如"可能"、"几乎肯定"）和影响（例如"无足轻重"、"严重"的表达方式很模糊，主观性强） • 影响可能不确定，或由一系列无法纳入特定影响水平的值表示，如"对时间的中等影响"
预期货币价值	C	C			• EMV 使用户能够计算包含不确定结果的事件的加权平均（预期）值 • EMV 包含决策树分析 • EMV 是一种简单的计算方法，无需专用软件	• 可能很难评估发生风险事件的概率及其影响 • EMV 仅提供不确定事件的预期价值；风险沟通常需要提供更多 EMV 的情况，有时更适合蒙特卡洛模拟并提供更多相关信息
专家判断	C	S	S	S	• 提供经验的视角 • 多名专家可增强广度和深度	• 可能会因经验而有偏见 • 倾向可有限视角
引导	C	C	S	S	• 可实现广泛参与并获得多元化的观点	• 可能非常耗时 • 可能会受到群体思维偏见影响
FMEA/FMECA 故障树分析	C	C	C	S	• 结构化方法；易于让工程师理解 • 可通过定量工具对总体可靠性做出评估 • 良好的工具支持	• 侧重于威胁，但对机会没有大大用处 • 需要使用他人通常无法获得的专业工具
力场分析	C	S	S	S	• 有助于深入了解影响单个目标的因素	• 耗时而复杂 • 通常只适用于以前发生过的风险
历史信息	C	C	C	C	• 利用以前的经验 • 防止犯同样的错误或错失相同的机会 • 增强组织过程资产	• 仅限于以前发生过的风险 • 信息通常不完整：缺乏过去风险的详细信息，可能不包含成功解决办法的详细信息和有效策略
影响图	C	C	S	S	• 可揭示关键的风险驱动因素	• 需要严谨的思维 • 确定适当的结构并非总是易事
访谈	C	C	C	C	• 详细应对风险 • 促进相关方参与	• 耗时 • 提出非风险因素、顾虑、问题、担忧等，因此需要过滤

（续）

表 X6-1.（续）

技术	战略影响	时效性	时效性分析	可信度	风险相关	优势	劣势
蒙特卡洛模拟	S		C	S		• 主要用于战略决策中指明的项目进度计划和成本风险分析 • 允许所有已指明的风险同时发生变化 • 计算整体风险的量化估算值，反映多种风险可能同时发生的现实 • 提供诸如以下问题的答案：(1)基本计划需要多少时间和成本才能达到理想的置信水平？(2)我们需要多少应急时间和成本？(3)哪些活动和风险对于确定整体风险非常重要？	• 进度计划并不简单，未经多次调试，通常无法在模拟中使用 • 输入数据的质量在很大程度上取决于专家的安排人员与专业的进度计划分析师的工作和专业知识 • 有时会受到管理层抵制，因为与非必要或过于复杂的技术相比，他们认为模拟并非必要或过于复杂的蒙特卡洛模拟需要专用软件使用习惯，这些输入数据阻碍其使用 • 除非输入数据同时包括威胁和机会，否则会产生不切实际的结果
多标准选择技术		S		C		• 提供了一种选择最能支持整套目标的应对措施的方法	• 可以提供反直觉的结果
名义小组技术		C		C	S	• 鼓励并使所有参与者做出贡献 • 允许不同水平的通用语言分类 • 为绘制来和根本原因分析提供了理想的基础	• 可能会使那些认为进展缓慢的占主导地位的人员感到沮丧
PERT（项目集或项目评估和审查技术）		C		S	S	• 提供基于时间的风险视图 • 有助于观察某种风险在特定时间点具有更高重要性的程度	• 没有确定的影响测量指标
概率和影响矩阵					S	• 使组织能够确定风险的优先级，以便进行进一步分析（如定量分析）或采取风险应对措施 • 反映了组织风险承受能力的水平	• 并未明涉及其他因素（例如紧急性或管理性），而这些因素可能会影响部分地决定可管理的风险范围 • 某个边界范围在不确定性评估中不确定性范围可能与某个边界重叠
提示清单	C			S		• 确保涵盖所有类型的风险 • 激发创造力	• 主题可能过于抽象

技术					优点	缺点
问卷调查	C	S			• 鼓励广泛思考以识别风险	• 成功取决于问题的质量 • 仅限于问题所涵盖的主题 • 可能只是简单地重新格式化核对单
储备分析	C		C	C	S	• 提供了一种跟踪支出并在任何风险消除时释放应急资金的方法；可以按相同的方式用于进度储备 • 及早发出需要起人沟通的警告	• 可能会导致对成本方面给予不必要的关注 • 关注储备消耗的总体测量指标可能会掩盖风险的详细情况
残余影响分析	S	C	S		S	• 在采取初始应对措施后，提供对潜在风险进行一步分析	• 可能会使人们过分专注没有实质有影响的风险
风险审计	C	S	S	S	C	• 对风险管理计划所述方法的遵守情况进行正式评估	• 可能被认为对团队过分吹毛求疵
风险分解结构	S	S	S	C	S	• 为其他风险识别技术（例如头脑风暴）提供了框架 • 确保涵盖所有类型的风险 • 测试是否存在盲点或遗漏	• 如果已对风险进行记录这一事实被视为对风险管理自满，则可能会导致风险
风险数据质量评估	C		C		S	• 促进考虑风险特征的有效性	• 可能难以量化数据的准确性
风险再评估	S	S	S	S	C	• 在必要时强制对风险进行审查，以便风险登记册保持最新状态	• 需要时间和人力投入
根本原因分析	C	C	S	C	S	• 允许识别其他相关风险 • 使组织能够识别因为具有共同的根本原因而可能相关的风险。 • 制定预防性和全面性的应对措施的基础 • 有助于降低低概率明显风险的复杂性	• 大多数风险管理技术是单个风险组织的；比结构不利于确定根本原因 • 一旦过度简化了根本原因的存在，可能没有解决根本原因的有效策略
情景分析	C	S	C	S	C	• 提供相关风险的潜在影响以及相应的对策略的视角 • 强制要求参与者分析任何策略的影响 • 有助于识别次生风险	• 使假设结果绝对的，因为清单没有非常耗时
敏感性分析		C	S	C	S	• 能够采用结构化方法评估风险的潜在影响	• 建议结果是绝对的，因为已对它们进行了量化测

（续）

表 X6-1.（续）

技术	战略契合	组织契合	判断容易	信息易获得	习得难易	优势	劣势
模拟	S		C	S		• 可以分析特定风险或一组风险周围的多种力量	• 可能难以构建一个综合模型 • 实施成本通常很高
状态会议	S	S		S	C	• 提供了一种方法来核实有关风险的状态（活动、已发生、已停止）的信息并使团队了解情况	• 对于某些参与者来说似乎没有必要
SWOT分析	C	S		S		• 确保对威胁和机会予以同等关注。 • 提供一种结构化方法来识别威胁和机会 • 侧重于内部（组织优势和弱势）和外部（机会和威胁）	• 侧重于因组织优势和弱势引起的内部风险，将外部风险排除在外 • 往往会产生高层级的一般风险
系统动态	C	C		S		• 可以揭示各种要素之间意想不到的相互关系（反馈和前馈循环） • 可以揭示其他技术无法提供的所有风险的触发条件 • 可以揭示所包含的所有风险的总体影响	• 需要专用软件和专门知识来构建模型 • 侧重于影响，但很难将概率包含进来
趋势分析	S				C	• 可以说明早期应对措施的有效性 • 可以说明应对措施的触发条件	• 需要了解重大差异与非重大差异
偏差分析	S				C	• 使人们能够对预测和实际风险影响进行比较 • 可以说明分析所提供的数据，并将这些数据与定量风险分析的结果进行比较	• 不显示与早的数据的关系 • 结果可能脱离语境

附录 X7
针对项目组合、项目集和项目风险管理的企业风险管理注意事项

企业风险管理 (ERM) 将组织的所有风险视为相互关联的集合。它是一种系统、有组织和结构化的方法论,用于审视和测量组织面临的所有风险,制定适当的应对措施,并传达、监督和管理这些风险,以符合组织的战略目标。为了使 ERM 产生最大收益,必须在整个企业中采用一种通用的风险管理方法。

通用的风险管理方法允许对所有风险(无论是项目组合风险、项目集风险还是项目风险)进行规范化及聚合。风险聚合允许说明组织任何部门的风险状况。这对于了解组织与其所说明的风险偏好和容忍度的接近程度至关重要。

组织各层级采用的风险管理过程应该是适当、可扩展且可量身定制的。换言之,该过程应该采用分级法应对风险。在组织的最底层或对于非常小的组织,风险管理过程可能非常简单,完全是定性的。在组织的最高层,风险管理过程可能会相当复杂,因为在这一层级做出的是基于风险的决策。与这两种情况不同的是,它们可以采用一种可以根据自身需求调整和定制的通用过程。

对于较大的组织来说,ERM 通常是自上而下和自下而上的过程,风险审查委员会在组织的多个层级上开展工作。每个层级都有既定的上报标准,以确定将哪些风险上报至更高层级。上报通常出于以下两个原因之一:态势感知或激活应对风险所必需的帮助链。例如,如果项目集的某个项目遇到的风险不仅威胁到项目所计划的输出,而且可能影响到项目集的收益,就可能发生这种情况。相反,风险可能通过相同的沟通渠道从组织的最高层连续传递到较低层级。

项目组合、项目集和项目反映了 ERM 的核心内容，因为它可为战略和业务目标的制定和管理提供支持。应将项目组合、项目集和项目的风险反映为 ERM 风险，它们可能会导致业务目标甚至战略发生变化。ERM 与项目集和项目组合之间协调一致可能会导致将项目组合或项目集和项目风险上报至 ERM 层面，或者会导致将 ERM 自上而下的风险增至项目集和项目组合中。项目集之间和项目之间的风险也可能是该协调过程的结果。在调整过程中上报、级联或识别的风险的优先级、概率和影响可能因层级而异，并且可能会减少、增加或保持不变。随着对 ERM 以及项目集和项目组成的项目组合做出变更，作为风险控制过程的一部分，应重新审视 ERM 与项目组合、项目集和项目风险之间的一致性。

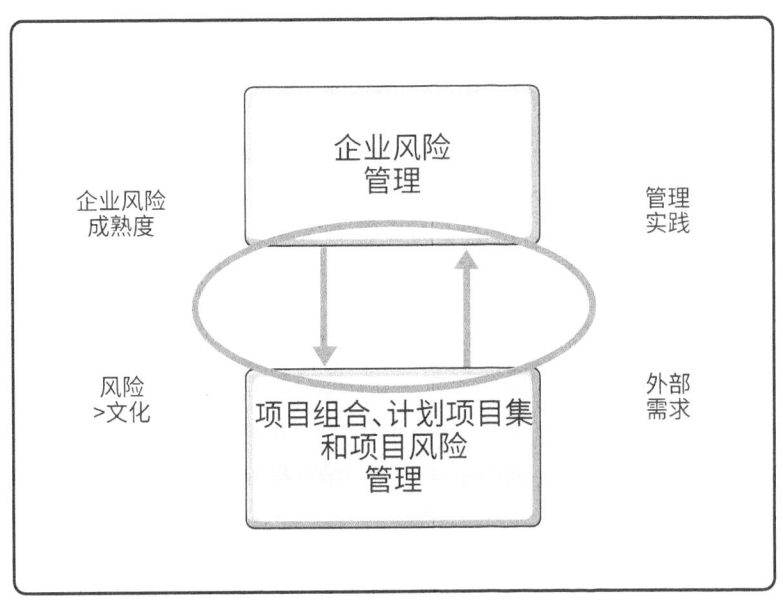

图 X7-1 有助于增进 ERM 与项目组合、项目集和项目风险管理之间的一致性

ERM 指标与项目组合、项目集和项目风险指标之间的联系取决于整合程度和一致性。反映战略和业务目标的指标可能会级联至项目组合风险，以促进 ERM 指标的整合以及与企业目标和目的的联系。

ERM 是一种管理风险的方法,它反映了组织创造和维持价值的文化、能力和战略(图 X7-1)。ERM 与项目组合风险管理存在很多共同的优点。ERM 可为组织的使命、愿景、核心价值观和战略提供支持。ERM 基于组织的风险偏好,可为战略和目标的广泛方面以及可能与组织成功相关的具体目标和目的提供支持。ERM 的其他目标包括(但不限于):

◆ 确定资源的优先级;

◆ 制定战略;

◆ 保护战略目标;

◆ 保护现有价值;

◆ 通过使用风险管理技术创造价值来推动盈利并实现增长;

◆ 确保遵守法规,保护组织免受负面监管干预并避免遭受处罚。

ERM 强调应达到收益和与其相关风险敞口水平之间的平衡。ERM 会审视不同的情况及其相关的风险水平。从 ERM 的角度看,项目组合、项目集和项目是各种风险结果选项之间的场景,每个选项都有自己的置信水平和相关风险。当 ERM 完全融入组织的管理及其文化时,它能使组织结构非常清晰,消除其所有不确定性。

附录 X8
风险类别

根据可用信息的程度、模糊性和可变性（请参阅第 3.3.1 节和图 3-3），可以将潜在风险归类到四个象限之一。组织致力于降低未知因素的程度，以便逐步将未知因素转化为已知的确定因素或已知的未知因素。本附录详细介绍了这一概念，此概念曾在本标准第 3 节中有所介绍。

- **已知的确定因素**。已知的确定因素是事实，而非风险。这些通常被确定为需求和范围的一部分。开展这项工作的责任方了解这些事实，它们被纳入项目组合、项目集或项目范围之中。

- **已知的不确定因素**。已知的不确定因素是已识别的风险。开展这项工作的责任方了解这一不确定的事件和潜在后果。识别并主动管理已知的不确定因素。

- **未知的确定因素**。未知的确定因素是一种隐藏的事实。责任方可能了解这一事实，但其在开展这项工作时可能并不了解这一事实。未知的确定因素的一个示例是隐藏或忽略的假设条件。随着时间的推移，人们会识别、评估和深入了解未知的确定因素风险。复杂和创新的活动涉及大量预估，这些活动中的风险可被识别，但它们的可见性非常有限。未知的确定因素通常通过与执行工作相结合的渐进式风险细化来处理。

- **未知的不确定因素**。未知的不确定因素风险可能是在项目组合、项目集和项目管理背景中基本上不可知的突发性风险。这种缺乏了解的情况会使任何类型的评估或探索都变得不可能。未知的不确定因素可以通过组织弹性进行管理。由于不可预测性，有弹性的组织会鼓励研究，提高认识，鼓励团队质疑现状，并增加信息流动。这些行动扩大了影响范围，让组织做好准备，从而更好地应对此类事件并从中恢复。

参考资料

[1] 项目管理协会。2015 年。《Pulse of the Profession® *(职业脉搏) 报告:把握项目管理的价值*》,第 15 页。美国宾夕法尼亚州纽敦斯奎尔:作者。

[2] 项目管理协会。2017 年。《*项目组合管理标准*》(第四版)。美国宾夕法尼亚州纽敦斯奎尔:作者。

[3] 项目管理协会。2017 年。《*项目集管理标准*》(第四版)。美国宾夕法尼亚州纽敦斯奎尔:作者。

[4] 项目管理协会。2017 年。*项目管理知识体系指南(PMBOK® 指南)*(第六版)。美国宾夕法尼亚州纽敦斯奎尔:作者。

[5] 项目管理协会。2014 年。《*驾驭复杂性:实践指南*》。美国宾夕法尼亚州纽敦斯奎尔:作者。

术语表

假设条件。在规划过程中没有证据或证明即被认为正确、真实或确定的因素。

原因。当前存在或未来肯定存在的的事件或情况,可能带来风险。

组件。项目组合或项目集预先确定的要素,与实现项目组合或项目集的战略目标的工作相关。

制约因素。对管理项目、项目集、项目组合或过程的选项具有限制作用的因素。

应急计划。描述发生预先确定的触发因素的文档。

应急储备。在进度或成本基准内,为主动应对已知风险而分配的时间或资金。另请参见 *管理储备*。

突发性风险。所发生的之前可能未识别的风险。

企业风险管理。反映组织的文化、能力以及创造和维持价值的战略的风险管理方法。

识别风险。确定并记录可能会影响预期结果的过程。

影响。对所发生的风险对一个或多个目标的影响的测量。

问题。可能对一个或多个目标产生影响的当前威胁。另请参见 *机会*、*风险*和*威胁*。

管理储备。管理层在进度基准或成本基准之外留出的时间或资金,为项目范围内不可预见的工作拨付。另请参见 *应急储备*。

机会。对一个或多个目标产生正面影响的风险。另请参见 *问题*、*风险*和*威胁*。

组织项目管理。一种框架,在该框架内,项目组合、项目集和项目管理与组织驱动因素相整合,以实现战略目标。

整体风险。不确定性对项目组合、项目集或项目的整体影响。

项目组合。为实现战略目标而组合在一起管理的项目、项目集、子项目组合和运营工作。另请参见*项目集*和*项目*。

项目组合管理。为了实现战略目标而对一个或多个项目组合进行的集中管理。另请参见*项目集管理*和*项目管理*。

概率。对个别风险发生可能性的测量。

项目集。相互关联且被协调管理的项目、子项目集和项目集活动，以便获得分别管理所无法获得的收益。另请参见*项目组合*和*项目*。

项目集管理。在项目集中应用知识、技能与原则来实现项目集的目标，获得分别管理项目集组件所无法实现的收益和控制。另请参见*项目组合管理*和*项目管理*。

项目。为创造独特的产品、服务或成果而进行的临时性工作。另请参见*项目组合*和*项目集*。

项目管理。将知识、技能、工具与技术应用于项目活动，以满足项目的要求。另请参见*项目组合管理*和*项目集管理*。

定性风险分析。会考虑一系列特征，例如发生的概率、对目标的影响程度、易管理性、可能产生的影响的时机、与其他风险的关系以及常见的原因或结果。

定量风险分析。已识别的风险对所期望结果的综合影响。

残余风险。采取风险应对措施之后仍然存在的风险。另请参见*次生风险*。

应对策略。一种应对个别风险或整体风险的高层级方法，可分解为一系列风险应对行动。

风险。一旦发生，会对一个或多个目标产生积极或消极影响的不确定事件或条件。另请参见*问题*、*机会*和*威胁*。

风险接受。一种风险应对措施，项目团队决定接受风险的存在，而不采取任何措施，除非风险真的发生。另请参见*风险规避*、*风险提高*、*风险开拓*、*风险减轻*、*风险分享*和*风险转移*。

风险应对行动。一项详细的任务，通过整体或部分实施某项应对策略，以便应对个别风险或整体风险。

风险应对行动负责人。在应对特定风险时负责实施经批准的风险应对行动的人员。也称为*应对负责人*。

风险分析。与界定某项风险的特征以及该风险对目标的影响程度相关的活动。

风险偏好。为了预期的回报,组织或个人愿意承担不确定性的程度。另请参见*风险临界值*和*风险承受能力*。

风险评估。识别、分析并确定某项风险发生概率的过程。

风险态度。对不确定性的一种处置,由个人或小组明示或暗示地采用,受洞察力驱动,并由可见的行为证明。

风险规避。一种风险应对措施,项目团队采取行动来消除威胁,或保护项目免受风险影响。另请参见*风险接受*、*风险提高*、*风险开拓*、*风险减轻*、*风险分享*和*风险转移*。

风险提高。一种风险应对措施,项目团队采取行动提升机会出现的概率造成的影响。

风险上报。一种风险应对措施,将应对风险的责任转移到组织中的相关当事人,因为风险已超出范围,或者团队没有足够的职权应对风险。

风险开拓。一种风险应对措施,确保会出现某一机会。另请参见*风险接受*、*风险规避*、*风险提高*、*风险减轻*、*风险分享*和*风险转移*。

风险敞口。在项目、项目集或项目组合的任何给定时间点,所有风险的潜在影响的汇总度量。

风险识别。找出并概述与工作目标相关的风险的特征的过程。

风险管理。此过程会影响整个组织和各领域内的决策,涉及识别、分析、应对和监督风险。

风险管理框架。一种以迭代方式组织管理风险的过程和活动的结构。

项目管理生命周期。对整个企业、项目组合、项目集和项目领域内的风险进行全面了解的结构化方法。

风险管理计划。项目、项目集或项目组合管理计划的组成部分,说明将如何安排与实施风险管理活动。

风险减轻。一种风险应对措施,项目团队采取行动降低威胁发生的概率或造成的影响。另请参见*风险接受*、*风险规避*、*风险提高*、*风险开拓*、*风险分享*和*风险转移*。

风险责任人。负责监测风险,选择并实施恰当的风险应对策略的个人。

风险登记册。 记录风险管理过程输出的文件。

风险应对措施。 应对特定威胁和机会的已计划或已实施的行动。

风险分享。 一种风险应对措施，涉及将应对机会的责任分配给最能捕捉机会或消化威胁的影响的第三方。另请参见*风险接受、风险规避、风险提高、风险开拓、风险减轻和风险转移*。

风险临界值。 针对目标可接受的变动范围的衡量指标，可反映组织和相关方的风险偏好。另请参见*风险偏好和风险承受能力*。

风险转移。 一种风险应对措施，涉及把威胁造成的影响连同应对责任一起转移给第三方。另请参见*风险接受、风险规避、风险提高、风险开拓、风险减轻和风险分享*。

次生风险。 由于实施风险应对措施而直接产生的风险。另请参见*残余风险*。

相关方。 能影响项目、项目集或项目组合的决策、活动或结果的个人、小组或组织，以及会受或自认为会受它们的决策、活动或结果影响的个人、小组或组织。

威胁。 对一个或多个目标产生负面影响的风险。另请参见*问题、机会和风险*。

触发条件。 表明风险即将发生的事件或情形。

索引

A

责任
    企业层面, 23
    投资组合层面, 24
    项目集层面, 24
    项目层面, 24-25
活动
    组织, 19-21
    战略, 44、52
    战术, 44、52
与组织战略和治理实践保持一致, 3
模糊性, 7-8
风险分析
    项目组合生命周期, 和, 42
    项目集生命周期, 和, 50-51
    项目生命周期, 和, 59
假设条件, 165
职权, 23

B

平衡价值与总体风险, 4
业务背景, 19-21

C

原因, 165

收尾过程和项目风险管理, 63
组件, 165
制约因素, 165
背景风险, 50
应急计划, 165
应急储备, 165
能力的持续提高, 5
拥抱风险管理的文化, 4

D

风险管理的领域, 11-15

E

突发性风险, 26、44、52、165
企业, 12-14、16
企业层面的责任, 22
企业风险管理 (ERM), 30、165
    ...的应用, 21-22
    ...的框架, 1、2
    关键成功因素, 15-17
    组织战略、风险管理, 和, 1
    ...的目的, 12-13
    ...的职责, 13-14
ERM。*请参阅*企业风险管理
执行过程和项目风险管理, 63

F

关注，最具影响力的风险，4

G

治理
　...的组织战略和实践，3
　项目组合，45-47
　项目集，55
《项目管理知识体系指南》("PMBOK® 指南")，
　15、60

I

风险的识别
　项目组合生命周期和，42
　项目集生命周期和，49-50
　项目生命周期和，58-59
识别风险，28-29、34
　...的目的，32
　...的成功因素，33
　...的技术，32
影响，4、10、26、165
实施风险应对，28-29
　项目组合生命周期和，43-44
　项目集生命周期和，51-52
　项目生命周期和，60
　...的目的，38
　...的成功因素，39
启动过程和项目风险管理，62
问题，8、11、32、43、165

K

关键成功因素、...的风险管理，16-17

L

生命周期。另请参阅风险管理生命周期
　...简介，28-29
　项目组合风险管理，41-44
　项目集生命周期管理，53-55
　项目集风险管理，49-52
　项目风险管理，57-60

M

管理储备，39、43、165
管理风险、...的系统化方法，25
监督风险，28-29
　...的关键成功因素，40
　...的过程，39
　...的目的，40
　残余影响分析，166
　风险评估，167
监督和控制过程与项目风险管理，63
监督风险，63
　项目组合生命周期和，44
　项目集生命周期和，52
　项目生命周期和，60

N

驾驭复杂性、以实现成功结果，4
《驾驭复杂性：实践指南》，27

O

运营风险，50
OPM。请参阅组织项目管理
机会，8、36-37、165
组织
　...的背景，22
　...的框架，21-22

规划与…, 22
…中的风险管理, 10-11
组织活动, 19-21
组织项目管理 (OPM), 21、22、165
组织战略
    治理实践和, 保持一致, 3
    风险管理, ERM, 和, 1
总体风险, 166

P

绩效域。*请参阅*项目组合管理绩效域；项目集管理绩效域
实施定性风险分析, 34-35
    …的目的, 34-35
    …的成功因素, 34
规划过程和项目风险管理, 62
规划风险管理, 25-29
    …的过程, 31
    …的目的, 30
    …中的风险偏好, 30-31、167
    …中定义的规则和指南, 30
    …的成功因素, 31-32
    …的裁剪和调整, 31
规划风险应对, 29、32、35
    针对机会, 36-37
    针对威胁, 36
    …的关键成功因素, 38
    …的目的, 37
《PMBOK® 指南》。*请参阅*《项目管理知识体系指南》
PMI, 基本标准, 2
项目组合, 14, 166

项目组合、项目集、项目管理风险管理和
    与…有关的责任, 22-25
    与…有关的职权, 23
    …的业务背景, 19-21
    …的组织背景, 22
    …的组织框架, 21-22
    与…有关的职责, 23
    …的战略和组织规划, 22
项目组合能力管理, 45-47
项目组合治理, 45-47
项目组合层面, …的责任, 23
项目组合管理, 166
项目组合管理绩效域
    风险管理与, 166
    项目组合能力管理, 45-47
    项目组合治理, 45-47
    项目组合风险管理, 45-46、48
    项目组合相关方参与, 45-47
    项目组合战略管理, 45-47
    项目组合价值管理, 45-46, 48
项目组合风险生命周期, 41-44
    识别, 42
    实施风险应对, 43
    监督风险, 44
    定性和定量分析, 42
    应对策略, 43
项目组合风险管理, 45-48
    …的目标, 41
    整合到项目组合管理绩效域中, 45-48
        项目组合能力管理, 47

项目组合治理, 47
　　　项目组合风险管理, 48
　　　项目组合相关方参与, 47
　　　项目组合战略管理, 48
　　　项目组合价值管理, 48
　生命周期, 41-44
　　　监督风险, 44
　　　风险识别, 42
　　　风险定性和定量分析, 42
　　　风险应对, 实施, 43
　　　风险应对策略, 43
　...的目的, 41
　...的策略, 14-15, 24
项目组合风险管理生命周期, 41
　识别风险, 42
　监督项目组合风险, 44
　项目组合风险应对措施的实施, 43-44
　项目组合风险应对策略, 43
　定性和定量分析, 42
　风险应对策略, 43
项目组合相关方参与, 45-47
项目组合战略管理, 45-47
项目组合价值管理, 45-48
风险管理原则, 3-5
　与组织战略和治理实践保持一致, 3
　平衡价值实现与总体风险, 4
　能力的持续提高, 5
　关注最具影响力的风险, 4
　培育拥抱风险管理的文化, 4
　驾驭复杂性以实现成功结果, 4
　努力实现卓越, 3
概率, 10、26、166
项目集, 14-15, 166
项目集、项目组合、项目管理、风险管理和, 19-25

项目集收益、...的管理, 53-54
项目集治理, 53-56
项目集层面的责任, 24
项目集生命周期管理, 53-55
项目集管理, 166
项目集管理绩效域
　项目集收益管理, 53-54
　项目集治理, 53-56
　项目集生命周期管理, 53-55
　项目集相关方参与, 53-55
　项目集战略协调, 53-54
　项目集支持活动, 56
项目集风险识别, 49-50
项目集风险管理生命周期, 49-52
　识别的风险, 49
　实施风险应对, 51-52
　风险的监督, 52
　定性和定量分析, 50-51
　风险应对策略, 51
项目集风险监督, 52
项目集风险定性和定量分析, 50-51
项目集风险应对措施, 实施, 51-52
项目集风险应对策略, 51
项目集相关方参与, 53-55
项目集战略协调, 53-54
项目集, ...的支持性活动, 56
项目集层面的风险, 55
项目, 166
项目层面的责任, 24-25
项目管理, 166
　项目集、项目组合、风险管理和, 19-25
项目管理过程组
　风险管理与, 60-61
　　与...相关的收尾过程, 63

与…相关的执行过程, 63
与…相关的启动过程, 62
与…相关的监督过程, 63
与…相关的规划过程, 62
项目风险管理, …的知识领域, 60-61
项目风险管理生命周期, 57
识别, 58-59
监督, 60
定性和定量项目风险分析, 59
应对措施的实施, 60
应对策略, 59、166
项目, 15、57、166
Pulse of the Profession（职业脉搏）, 2015 年, 1

Q

定性风险分析, 28-29、42、50-51、166
…的关键成功因素, 34
实施定性风险分析, 28-29、33-34
项目风险管理的…, 59
…的目的, 33-34
…的技术, 33-34
定量风险分析, 28-29、42、50-51、166
应急储备估算, 165
…的关键成功因素, 35
实施定量风险分析, 28-29、34-35
项目风险管理的…, 59
…的目的, 34-35
…的技术, 34-35

R

残余风险, 166
应对计划的实施, 43-44、51-52。*另请参阅规划风险应对*
实施风险应对, 28-29、38、39
…与项目风险管理, 60
应对策略, 166

…与项目风险管理, 59
职责, 23
风险, 7-8、166。*另请参阅特定风险*
与…有关的类别, 25、26
…的定义, 1、7、11、166
与…相关的评估因素, 25
…级别的, 50
风险接受, 36、166
风险行动, 38、166
风险应对行动负责人, 38、167
风险分析, 167。*另请参阅定性风险分析；定量风险分析*
风险偏好, 9-10、30-31、167
风险评估, 167
风险态度, 8-9、167
风险规避, 36、167
风险类别, 26
风险上报, 36、55、167
风险开拓, 167
风险敞口, 14、23、32、41、167
风险识别, 167
项目组合生命周期和, 42
项目集生命周期和, 49-50
项目生命周期和, 58-59
风险管理, 167。*另请参阅项目组合管理绩效域、风险管理与*
…的应用, 1
…的方法, 2-3
一般, 25-26
组织, 1
ERM, 1、2、12-14、21-22、30
…的主要概念和定义
机会, 8、165
风险, 7-8
风险偏好, 9-10、167
风险态度, 8-9、167
风险临界值, 10、168
威胁, 8

...的关键成功因素, 16-17
　　组织中的..., 10-11
　　...的实践, 1
　　...的目的, 2
　　追求, 1
　　...的结构, 5
风险管理领域, 11-12
　　企业, 12-14、16
　　项目组合, 14
　　项目组合、项目集、项目管理中的..., 19-25
　　项目集, 14-15
　　项目, 15
风险管理框架, 9、26、27、32、167
风险管理生命周期, 167
　　识别风险, 28-29、32-33、165
　　实施风险应对, 28-29、38、39
　　...简介, 28-29
　　监督风险, 28-29、39-40
　　实施定性风险分析, 28-29、33-34
　　实施定量风险管理, 28-29、34-35
　　规划风险管理, 28-29、30-32
　　规划风险应对, 29、32、35-38
　　...的技术
　　　　定量风险分析, 59
　　　　风险管理规划, 167
风险管理计划, 167

风险管理原则
　　与组织战略和治理实践保持一致, 3
　　持续改进能力, 5
　　关注最具影响力的风险, 4
　　培育拥抱风险管理的文化, 4
　　驾驭复杂性以实现成功结果, 4
　　努力实现卓越, 3
风险减轻, 36、168
风险责任人, 168
风险登记册, 168
风险应对措施, 28、38、39、168 *另请参阅规划风险应对*
　　实施, 43-44、51-52、60
风险应对策略
　　项目组合生命周期和, 43
　　项目集生命周期和, 51
　　项目生命周期和, 59
风险分享, 37、168
风险临界值, 10、168
风险转移, 36、168

S

次生风险, 37、38、168
相关方, 168
　　项目组合相关方参与, 45-47
　　项目集相关方参与, 53-55

《项目组合管理标准》, 14
《项目集管理标准》, 15
战略活动, 监督, 44、52
战略和组织规划, 22
战略管理, 项目组合中的, 45-47
战略风险, 42
努力, 实现卓越, 3
结构, 风险管理的..., 5
成功因素, 16
支持性项目集活动, 56

T

战术活动, 监督, 44、52
战术风险, 42

裁剪和调整, 规划风险管理的..., 31
威胁, 8、36、168
触发条件, 38、40、168

U

不确定性, 7、10-11

V

价值, 项目组合价值管理的..., 45-46、48